Lothar Graf Hoensbroech
Jagdtage und Nordlichtnächte

AF125429

SEVERUS Verlag

Hoensbroech, Lothar Graf: Jagdtage und Nordlichtnächte. Tagebuch eines Jägers in Kanada. 2021
Neuauflage der Ausgabe von 1950
ISBN: 978-3-96345-339-7

Korrektorat: Sema Nihal Ünal, Michaela Wilken
Satz: Sarah Schwerdtfeger
Ergänzendes Vorwort: Sema Nihal Ünal (© SEVERUS Verlag)

Umschlaggestaltung: Annelie Lamers, SEVERUS Verlag
Umschlagmotiv: www.pixabay.com

Bibliografische Information der Deutschen Nationalbibliothek: Die Deutsche Nationalbibliothek verzeichnet diese Publikation in der Deutschen Nationalbibliografie; detaillierte bibliografische Daten sind im Internet über https://dnb.de abrufbar.

Der SEVERUS Verlag ist ein Imprint der Bedey & Thoms Media GmbH, Hermannstal 119k, 22119 Hamburg

SEVERUS Verlag, 2021
http://www.severus-verlag.de
Gedruckt in Deutschland
Der SEVERUS Verlag übernimmt keine juristische Verantwortung oder irgendeine Haftung für evtl. fehlerhafte Angaben und deren Folgen.

Lothar Graf Hoensbroech

Jagdtage und Nordlichtnächte
Tagebuch eines Jägers in Kanada

Editorische Notiz:
Der Text der vorliegenden Edition beruht auf der Ausgabe:
Lothar Graf Hoensbroech: Jagdtage und Nordlichtnächte. Ein Tagebuch aus Kanada
(1939). Bayerischer Landwirtschaftsverlag GmbH, München 1950. Die Orthographie
wurde behutsam modernisiert, grammatikalische Eigenheiten bleiben gewahrt. Die Inter-
punktion folgt der Druckvorlage. Der Inhalt ist im historischen Kontext zu lesen.

Inhalt

Vorwort

Reisetagebücher: Ein Einblick in längst vergangene Zeiten. Für die wahren Abenteurer da draußen – deren Leidenschaft darin besteht, neue Welten, neue Orte und damals noch nicht erkundete Landschaften zu entdecken – oder für historisch Interessierte, die einen Einblick in vergangene Welten haben wollen – sind sie wertvolle Dokumente.

Besonders für Natur- und Jagdliebhaber ist dieses Werk des Autors Graf Lothar von Hoensbroech (1898–1951) sowohl kulturell als auch historisch ein vielfältiges Nacherlebnis einer abenteuerlichen Reise in die Natur und Wildnis Kanadas im Jahre 1939. Hoensbroech war ein bedeutender Jagdschriftsteller und passionierter Jäger, der ein besonderes Gefühl für die Natur und seine Bewohner besaß.

„Jagdtage und Nordlichtnächte" ist ein Reisetagebuch, in dem er seine Wildnisreise in Kanada, Britisch-Kolumbien, schildert. Gemeinsam mit seinem Freund Werner T. Schaurte[1] – dem er dieses Werk widmet – und weiteren Jägern macht er sich auf den Weg in das damals noch weniger erschlossene Kanada. Auf ihrer Rückreise war der Zweite Weltkrieg bereits ausgebrochen, weshalb er die letzten Tagebucheinträge nur kurz und zusammenfassend beschreibt. Damals schickte Großbritannien deutsche Kriegsgefangene nach Kanada, weil sie diese bei einer möglichen Invasion Großbritanniens als eine beträchtliche Gefahr ansahen. Nicht nur deutsche, sondern auch japanische Kriegsgefangene wurden interniert.

So geraten auch Hoensbroech und sein Freund Schaurte in Kriegsgefangenschaft in der Stadt Calgary und können erst 1942 im Rahmen eines Austausches nach Deutschland zurückkehren.

---

1   Werner T. Schaurte war Fabrikbesitzer und Industrieller. Ihm gehörte eine Schrauben- und Mutternfabrik. Während des Zweiten Weltkrieges beschäftigte diese Zwangsarbeiter. Er selbst war Mitglied der NSDAP und SA-Mitglied. Von der Entnazifizierungskommission wurde er nach Kriegsende in die Kategorie 4, Mitläufer, eingestuft.

Die Leserinnen und Leser können in diesem Reisetagebuch nicht nur die Expedition verfolgen, sondern auch Hoensbroechs Philosophie zur Beziehung zwischen Mensch und Natur nachvollziehen. Einerseits passionierter Jäger war Hoensbroech aber auch immer auf die Erhaltung der Natur und der Tierarten bedacht. Schon zur Verfassungszeit des Buches kritisiert er die Ausrottung der einheimischen Tierarten und setzte sich für den Naturschutz ein. Hoensbroech schreibt in seinen letzten Tagen der Reise über die Zerstörung der Natur durch die Menschheit, die er mit folgenden Worten unterstützt: „Der Habgierige, dem Irrwahn des Reichtums nachjagende Mensch hat aber bisher stets erst dann die Fehler seiner destruktiven Vergeudung eingesehen, wenn er ein von ihm überflutetes (er nennt es erschlossenes) reiches Naturgebiet ausgebeutet und verwüstet hatte."

Sema Nihal Ünal
SEVERUS Verlag

Meinem Freunde
Dr.-Ing. e.h. W. T. Schaurte
gewidmet

Über Jagd und Wild in Kanada sind schon viele gute Bücher in Deutschland erschienen. Es ist daher nicht meine Absicht, zu versuchen, diese Literatur zu vermehren. Vor allem will ich mir kein Urteil über ein Land und seine freilebende Tierwelt erlauben, nachdem ich es einmal bereist habe. Wenn man die für uns Deutsche fast unvorstellbare Größe dieses Kontinents gesehen hat, wird es einem klar, dass zu dessen wirklichem Studium ein Menschenalter notwendig sein würde. Ich will auf den folgenden Seiten lediglich persönliche Erlebnisse zu schildern versuchen, hoffend, dass sie eine gewisse Aussicht auf allgemeines Interesse haben, weil sie als Tagebuch den Leser an den unsäglichen Schönheiten dieses weiten und teilweise noch wilden und unberührten Landes teilnehmen lassen können. Ich bin der Meinung, dass die Form des Tagebuches anschaulicher ist als eine Beschreibung. Ein Tagebuch verzeichnet alle kleinen Einzelheiten des Erlebens, und ich lade den Leser ein, unseren langen Ritt in die größtenteils noch gänzlich undurchforschten und unverdorbenen Gebiete der Quellflüsse des Prophet- und Moskwa Rivers mitzumachen und dort unser Forschen und Jagen mitzuerleben. Leider fand die Expedition einen schlechten Abschluss, als wir bei der Rückkehr aus dem menschenleeren Gebiet der Wälder, Seen und Gletscher die Nachricht vom Ausbruch des Krieges erhielten und in Gefangenschaft kamen.

Mein Freund, Werner T. Schaurte, war Gast seines in Südamerika ansässigen Schwagers, der uns mit dieser Einladung die Erfüllung eines Jägertraumes bescherte, und ich wiederum war Gast von Schaurte. Ihm, meinem vortrefflichen Jagdgefährten und späteren Schicksalskameraden, drücke ich in tiefer Dankbarkeit für das unvergesslich reiche Erleben in der Wildnis die Hand.

Ich bitte den Leser bei den folgenden Zeilen nicht den scharfen Maßstab anzulegen, welcher für „Literatur" angebracht ist. Das Tagebuch wurde von mir an den Lagerfeuern nach oft unerhörten Strapazen in meist übermüdetem Zustand geschrieben, und ich habe es so gelassen, wie es war, weil ich hoffe, dass es dadurch echter und ursprünglicher geblieben ist.

Die drei Pfeilspitzen auf dem Schutzumschlag und der Einbanddecke sind ein indianisches Schriftzeichen für Krieg. Ein stärkerer Gegner (zwei Pfeilspitzen) steht über dem schwächeren (eine Pfeilspitze)[2].

---

2   Anm. des Verlags: Im Zuge dieser Neuauflage wurde ein neues Cover angefertigt.

Das Tagebuch

Am 27. Juli 1939 trafen wir mit dem großen Dampfer des Norddeutschen Lloyd „Europa" in New York ein. Nur drei Tage hielten wir uns in dieser überdimensionalen Stadt auf. Aber ich sah alles, was man in solch kurzer Zeit sehen kann: von dichten Wolkenschleiern umhüllte Riesenbauten, die Stadt bei Tag und die Stadt bei Nacht, unerhört schöne luxuriöse Frauen, das Elend in Barackenvierteln, die Negerstadt Harlem mit ihrer wilden, tierhaften Vitalität, die technische Überlegenheit der Amerikaner, alles Dinge, über die schon genug Tinte aus besseren Federn geflossen ist. Vor allem aber lernte ich sympathische, freundliche Menschen kennen, die ebenso wenig an die Möglichkeit eines Krieges glauben wollten wie wir. Gewiss, es war leichtsinnig, 1939 die Reise zu machen. Aber man müsste ja auf jede größere Fahrt im Leben verzichten, wenn dauernd das Gespenst des Krieges vor unseren Augen stünde.

In der Nacht vom 29. zum 30. Juli verlassen wir New York, sind am 30. an den Niagarafällen, deren urgewaltige Naturschönheit stark durch industrielle und verkehrstechnische Anlagen herabgemindert wird, und reisen nach Toronto. Überall, wo der rote Mann seine Büffel erlegte, ist das Land in Kultur genommen und von Straßen, Städtchen und kleinen Siedlungen durchsetzt.

Von Toronto geht es weiter durch die schöne, obstreiche ostkanadische Provinz Ontario. Rechts und links der Bahn dehnt sich ununterbrochener, von Seen durchzogener Urwald aus, der meist aus Fichte, zum geringeren Teil aus Aspe, Birke, Kiefer, Lärche und Thuja besteht. Die ganze Nacht, den folgenden Tag und nochmals eine Nacht und wieder einen halben Tag durcheilt der Schnellzug ein Meer von Wald, dann machen sich die ersten Zeichen beginnender menschlicher Tätigkeit durch das Vorhandensein weiter, abgebrannter Waldgebiete bemerkbar, und wir erreichen die am Rande der Kulturprärien gelegene, trostlose Stadt Winnipeg. Nach einigem Aufenthalt geht es durch die Weizensteppen Mittelkanadas. Die Provinz Manitoba und Saskatchewan mit ihren schwarzen Böden und dem in Quadratmeilen eingeteilten Wegenetz werden durcheilt. Hier ist alles auf Geschäft und Ausbeutung des Bodens abgestellt. Ob dieser sich das auf die Dauer gefallen lassen wird, darf bezweifelt werden.

Gegen 6 Uhr morgens treffen wir in der Hauptstadt der Provinz Alberta, Edmonton, ein und steigen in dem kleinen, sauberen deutschen Hotel Springer ab. Bald lernen wir die uns von Professor Lutz Heck empfohlenen Deutschkanadier Reinhold Eben-Ebenau und Fritz Dörr kennen, die uns auf den geplanten Expeditionen begleiten sollen.

Reinhold Eben aus Slave Lake ist ein nerviger, muskulöser Ostpreuße mit scharfgeschnittenem, rassigem Kopf und ehrlichem, energischem Blick; Fritz Dörr aus Alder Flats ein hünenhafter, sonnengebräunter Bayer, dessen Augen so tiefblau sind wie die Bergseen seiner Heimat, und aus denen gleichzeitig tiefe Herzensgüte und Tatkraft spricht. Beide sind geborene Jäger und Trapper, jeder hat eine eigene Heimstätte, nicht viel Geld, aber umso mehr Freiheit und Weite und Freude am Schaffen und Jagen in unberührter Wildnis. Das ist der Schlag Menschen, mit denen ich mich sofort innerlich verbunden fühle.

Wir machen gemeinsame Einkäufe, holen uns bei der Royal Canadian Mounted Police unsere Waffenscheine und sprechen den bisherigen Game Commissioner (etwa Landesjägermeister) Clark von Alberta, der uns den Outfitter (Expeditionsausrüster) Curly Cochrane besorgt hat.

Schon am nächsten Nachmittag um 4 Uhr starten wir mit dem sogenannten „Muskeg Express" (Sumpfschnellzug) von Edmonton nach Dawson Creek, der letzten Bahnstation auf dieser nach Nordwesten führenden Strecke. Dieser alte, ausgeleierte Zug wankt und schaukelt schlimmer als ein Schiff auf hoher See, aber er hat eine Pullman Car und Speisewagen. Durch verkohlte, teils noch brennende Wälder von Aspe, Schwarzpappel, Weißfichte und Schwarzfichte rumpeln wir 24 Stunden lang die 500 Meilen bis zum letzten Dorf Dawson Creek, wo wir am 4. August nachmittags 4 Uhr eintreffen. Der Ort liegt inmitten einer Ackerfläche, die von wildem Walde umgeben ist. Etwa 1000 Menschen wohnen hier. Es gibt einen großen Laden, in dem man alles kaufen kann, was der Farmer benötigt, und ein kleines sauberes Hotel. Erst vor 5–7 Jahren wurde der Platz, auf dem das Dorf steht, der Wildnis abgerungen. Die Menschen sind freundlich und neugierig. Ein Reporter stellt sich ein, der einige Dollars durch ein Interview an uns verdienen will. Ich gehe solchen Leuten am liebsten aus dem Wege. Da sie fast nie „vom Fach" sind, verstehen sie das meiste, was man ihnen sagt, falsch, und wenn dann noch die übliche Sensationslust hinzukommt, erscheint in der Tagespresse ein Artikel, der an Naturverfälschung nicht mehr überboten werden kann. Aber diese Männlein hängen sich an wie die Kletten und wenn man ihnen schließlich etwas erzählt, um sie loszuwerden, glauben sie das auch noch und das Unglück ist geschehen.

Die letzten Briefe in die ferne Heimat werden geschrieben; denn morgen früh beginnt die eigentliche Expedition.

5. August. In einem Personen- und einem Lastwagen fahren Werner, Dörr, Eben und ich mit dem ganzen Gepäck um 8 Uhr ab. In dem Dorfe Fort St. John wird Halt gemacht. Wir besorgen uns bei dem dortigen Game Warden (Kreisjägermeister) Williams unsere Jagdscheine (licenses) und begrüßen die dortige Polizei. Der deutsche katholische Pfarrer, ein netter alter Herr, begrüßt uns auf der Straße. Er freut sich riesig, endlich mal wieder deutsch sprechen zu können und redet nun auf Vorrat für vielleicht viele Jahre. Er sagt, man könne hierzulande vieles nicht begreifen, z.B. die Aktion gegen Pastor Niemöller, den früheren U-Bootführer, gegen anerkannte Leute der Wissenschaft und gegen die Religionsfreiheit. Das habe bei der ganzen hiesigen Bevölkerung einen sehr tiefen und schlechten Eindruck gemacht. Der Mann hat Recht darin, dass die Deutschen sich wieder mal sehr unbeliebt in der Welt machen. – Es findet sich noch ein Saarbrückener Deutscher ein, der hier arbeitslos ist und mit uns reisen möchte. Es ist aber kein Platz mehr in Curly's Expeditions-Outfit vorhanden, und wir müssen ihm absagen. – Einige Stunden geht die Fahrt noch in den Autos vorwärts, dann wird der Weg schlechter und schlechter, und schließlich gelangen wir an den Punkt, an welchem uns Curly mit dem alten Raupenschlepper erwartet.

Curly macht seinem Namen Ehre: ein Wust gelockter Haare schmückt den harten, wettergebräunten Kopf, aus dem zwei stahlblaue, offene Augen blitzen. Auch das ist gewiss ein grundehrlicher, verlässlicher, tapferer Mann, das sieht man auf den ersten Blick. Den Raupenschlepper bedient der alte Jim Martell, welcher die Halfway Ranch von Clark versorgt, von wo der Ritt beginnen soll. Sie liegt etwa 170 km von der letzten Bahnstation Dawson Creek entfernt. Von der Ranch aus haben wir dann noch mindestens 450 km zu reiten, um das erwählte Jagdgebiet an den Quellen des Prophet River zu erreichen, so dass ein Weg von etwa 850 km mit den unvermeidlichen Umwegen vor uns liegt. Wenn man an den Rückritt und die zum Jagen und Forschen als Mindestmaß notwendigen weiteren 400 km denkt, kommt eine Zahl von 2100 km Wildnisreise heraus und man fragt sich manchmal, wie dieses Unternehmen wohl auslaufen wird. Aber das ist der unbeschreibliche Reiz des Abenteuers, der für jeden Mann eine faszinierende Lockung ist.

Werner und Curly verhandeln schnell und klar, dann wird alles auf den Raupenschlepper umgeladen, die Autos heimgeschickt, und los geht es bergauf, bergab über Stock und Stein. An einem besonders steilen Hügel reißt plötzlich auf einer Seite die Kette. Die erste Panne ist da! Aber das macht keinen Eindruck. Jim wird zur Ranch geschickt, eine andere Kette zu holen, und wir treten einen Fußmarsch an bis zu einem Gehöft, welches Attashie heißt und an der Einmündung des Halfway River in den Peace River liegt. Die dort wohnende Familie Tomkins empfing uns mit ruhiger, selbstverständlicher Gastlichkeit, die sehr schöne, sympathische Tochter Alice bewirtete uns auf das Beste. Nachts lagen Werner und ich in einem Holzschuppen. Dort war eine Pritsche vorhanden. Wir hatten zwar in unseren Schlafsäcken nebeneinander Platz, aber da Werner sich nachts wie ein Keiler in der Suhle zu wälzen pflegt, zog ich bald leise aus und schlief gut auf dem Fußboden. In den Karpaten hätte man es dort wegen der Flöhe nicht lange ausgehalten, aber hier gibt es diese Tierchen bei einer reinlichen kanadischen Familie nicht.

6. *AUGUST.* Frühmorgens war Jim mit dem reparierten Raupenschlepper am Gehöft und nach mehrstündiger, jetzt gut verlaufender Fahrt langten wir an der weltfern gelegenen, von unabsehbaren Wäldern umgebenen Ranch von Clark an. In der Ferne, hinter dunklen Waldwellen, lag die feingezeichnete Kontur der Rocky Mountains, jenes längsten Gebirgszuges der Welt, der sich von Alaska bis ins südliche Südamerika erstreckt.

Wieder ging das Umpacken, eine mir sehr verhasste Tätigkeit, los; diesmal aus den Koffern in die bereitstehenden Packsatteltaschen und Packkästen. Die 31 Pferde unseres Packzuges wurden eingefangen und die Sattelpferde beschlagen. Curly übergab mir als Reitpferd einen hohen, starkknochigen Rappwallach mit Namen Prince. Dieses Pferd sah vertrauenerweckend aus. Gute, klare Beine, mächtige Röhren, tiefe Schulter und guter Rücken. Werners Pferd heißt Rose, ist ein richtiger Gewichtsträger mit eiserner Ruhe. Wir schlagen neben dem Pferde-Corral an der Ranch zum ersten Mal unsere Zelte auf und schlafen gut.

7. August. Die noch frei herumlaufenden restlichen Pferde werden eingefangen, im Corral hoch angebunden, damit die teils sehr scheuen und noch nicht eingebrochenen Pferde sich nicht das Genick brechen können, und die Packerei, die eine richtige Plackerei ist, beginnt. An den Sätteln befinden sich fast keine Schnallen, sondern nur Ringe, durch welche die Lederriemen geschlauft werden, die mit einer Schlinge, welche durch einen Ruck zu lösen ist, befestigt werden. Man kann auf diese einfache, praktische Art die Pack- und Reitsättel viel fester und haltbarer anziehen als mit Schnallen. Jüngere, noch ganz rohe Pferde, wie Chicken, Dolly und Nancy, gebärden sich wie toll, schmeißen sich hin und leisten allen erdenklichen Widerstand. Aber Curly, Clyde und Ted werden schon mit ihnen fertig. Clyde ist der Horse Wrangler (Pferdebursche), Ted der zweite Guide (Jagdführer). Allen Packpferden werden Drahtmaulkörbe umgebunden, damit sie unterwegs auf dem Marsch nicht fressen können, was ein Durcheinander ergeben würde. Auch sollen sie abends sehr hungrig sein, um sie zu veranlassen, in der Nähe des Camps (Lagers) ihr Futter zu suchen und dort zu bleiben.

Das Bepacken der ungebrochenen Pferde macht große Schwierigkeiten. Stricke und Riemen reißen, die wildgewordenen Gäule rasen im Corral herum, werden mit Schwierigkeiten wieder eingefangen. Die Vorderfüße werden an den Fesseln zusammengehobbelt, auch um die Hinterbeine kommt eine Schlinge, das Pferd wird geworfen, kräftig verdroschen, dann ganz ruhig behandelt und schließlich mit Gewalt bepackt. Das alles dauert aber so lange, dass es spät wird, als wir endlich abmarschieren. Wir kommen nicht weit. Die Gewichtsverteilung auf den beiderseitigen Packtaschen und Kästen hat nicht genau gestimmt. Fünf Pferde galoppieren bald wie wild durch die Landschaft, weil die Kästen ihnen unter den Bauch gerutscht sind und nun teilweise in der Luft herumfliegen, um krachend auf dem Boden zu landen. Nun hat es keinen Zweck mehr, weiter zu marschieren, denn wir würden den vorgesehenen Lagerplatz nicht mehr erreichen. Die losen Pferde werden mit Mühe eingefangen, neu bepackt, und mit Curly an der Spitze erreichen wir bald wieder die Ranch. Alle Pferde werden abgepackt und abgesattelt. Curly flucht gotteslästerlich, aber er und wir lachen trotzdem über diese Dinge, an die wir uns anscheinend gewöhnen müssen.

Es herrscht eine fast tropische Hitze. In der Nähe des kleinen, aus Baumstämmen roh zusammengefügten Ranch Hauses ist eine kalte, klare Quelle.

Der alte Jim Martell hat hier mit einem Wasserleitungsrohr ein Brausebad gebaut, von dessen kaltem Sprühregen wir unsere nackten Leiber mit Genuss abkühlen lassen. Dann folgt ein kleiner, gemeinsamer Pirschgang auf die Höhen oberhalb der Ranch, wo man einen überwältigend schönen Rundblick über die unabsehbaren Wälder ringsum hat. Es gibt hier Deer (Maultier- oder Langohrhirsche), einige Elche (Moose) sowie Timberwölfe (der große kanadische Waldwolf), Cojotes (Kojoten, kleinerer Wolf, Präriewolf, dem Schakal ähnlich, in der Größe eines deutschen Schäferhundes). Wir sehen aber kein Stück Wild. Ich sitze lange mit Dörr auf einem Hügel in den gutschmeckenden Saskatoon Beersträuchern, und wir erzählen uns Geschichten, er aus Kanada, ich aus der fernen Heimat. Ein ganz prächtiger Mann ist dieser Fritz Dörr. – Abends gemeinsames Essen im kleinen Blockhaus, bei dem unser netter, gutmütiger Koch, Jim Rose, sich gut einführt.

8. *August.* Wir haben glänzend in unserem Zelt und den Eiderdaunensäcken geschlafen. In aller Frühe geht die Packerei wieder los. Nancy und Chicken, zwei edle braune Stuten, werfen sich abermals hin, aber schließlich ist alles um 11 Uhr fertig, und nun geht es wirklich los. Mehrmals verlieren einige Pferde wieder ihre Lasten; es gibt immer Aufenthalte, bei denen wir auf den Sattelpferden dafür zu sorgen haben, dass das ganze Rudel von 31 Pferden zusammenbleibt und nicht einzelne zurück nach Hause laufen. Man lernt, Cowboy zu spielen. Voran reitet Curly als Führer auf seinem edlen alten Dinky, dann folgt die Grauschimmelstute Pearl und ihr Freund, der Wallach Babe. Die Pferde gehen in der Reihenfolge, wie sie es freilebend auf der Ranch auch taten, sie bilden unzertrennliche Clubs und sind unglücklich, wenn mal einer ihrer Freunde fehlt. Auch ein kleines Fohlen läuft hinter seiner alten Mutter Blondie her. So folgt im sogenannten Gänsemarsch (militärisch würde man sagen „Marschkolonne zu einem") ein Pferd dem anderen, am Schluss Werner und ich. Mein Prince ist unruhig, zackelt und wiehert dauernd, weil seine befreundeten Pferde voranmarschieren. Der Trail, auf dem wir reiten, ist kein Weg in unserm Sinne, sondern nur ein schmaler, von den Pferdehufen der Indianer ausgetretener Pfad, der zu Beginn noch gut, dann aber schon mit Windwürfen und Sumpfstellen geschmückt ist. Bergauf, bergab geht es durch Aspen- und Schwarzpappelwälder dem fernen Ziele zu. Am Spätnachmittage erreichen wir ein als Indianer-Reservation abgestecktes Gebiet. Der hier ehemals her-

umstreifende, noch wilde und wenig erforschte Stamm der Biberindianer hat dieses Gebiet aber längst verlassen, nachdem er das dort stehende Wild bis auf geringe Reste vernichtet hatte. Diese Nomaden sollen sich heute viel weiter nördlich befinden, und wir sind gespannt, ob wir auf sie stoßen werden.

Unweit des Halfway Rivers, am Rande einer großen, futterreichen Savanne, schlagen wir das Lager auf. Es ist so afrikanisch heiß, dass Werner und ich uns bald nach dem Lockern der Sattelgurte in die kühlen, klaren Fluten des Flusses stürzen. Auf einer Schlammbank finde ich die ersten Wildfährten, und zwar von Schwarzbären (Baribal), Maultierhirsch (Deer) und Elch (Moose).

Der Ritt auf dem engen Westernsattel und dem fortwährend zackelnden Prince, der fast die Rippenwölbung eines Kaltblüters hat, ermüdete mich sehr, so dass ich auf das Spinnfischen verzichtete. Ich bin eben doch, nach dem vor meiner Abreise nötigen, sechswöchigen Krankenhausaufenthalte, der eine alte Kriegsdienstbeschädigung ausheilen sollte, noch nicht in der Trainingsform, die für eine solche Expedition nötig ist. Aber das wird schon noch kommen – auch mit 50 Jahren kann man noch etwas durchbeißen, das hart ist.

Jim, der Koch, wird heute von einem Pferde am Bein geschlagen. Auch Curly hat vor kurzem einen schweren Huftritt ans Knie bekommen. Er lahmt stark, kann den rechten Fuß nicht in den Bügel bringen, muss viel zu Fuß laufen und sein Pferd führen. Aber unbeweglich bleibt sein energisches Gesicht, nur manchmal flucht er und lacht dabei.

Die Luft ist voller Moskitos und schwarzer Fliegen, die zwar sehr lästig sind, aber wohl nur von einem verweichlichten Luxusmenschen als unerträglich empfunden werden können. Unsere Mannschaft entfacht große Rauchfeuer mit nassem Gras und Moos, um die Pferde zusammenzuhalten, die unter der Fliegenplage noch mehr leiden als wir. Die klugen Tiere kommen sofort an und stellen sich eng gedrängt in den dichtesten Qualm. Von Curlys Dinky sind nur mehr die Ohren und die Hufe zu sehen.

Beim Schlagen einiger Schwarzfichten (Black Spruce, Picea mariana), die wir als Zeltstangen benutzen, finde ich, dass es sich hier um uralte Bäume handelt. Über 200 Jahresringe kann man an einer solchen Stange ablesen. Die Vegetationsperiode dieses nördlichen Gebietes ist eben sehr kurz.

Curly Cochrane, unser alter Trapper und Goldsucher,
der Outfitter der Expedition

Tod Morton, der zweite Jagdführer

Clyde, der deutschstämmige Pferdebursche

Jim Rose, unser Koch

Der alte Jimmy bleibt auf der Ranch zurück

Mit dem Raupenschlepper zum Ausgangspunkt der Expedition

Mein Reitpferd „Prince"

Die Stute „Chicken" wird zum Tragen eingebrochen

Letzte Siedlung am Rande der Wildnis, Pferderanch,
von wo der Zug nach Nordwesten seinen Anfang nimmt

Der Packzug von 31 Pferden abmarschbereit

Unabsehbare Wälder mit kleinen Seen liegen vor uns

9. *August.* Gegen 9 Uhr morgens sind alle Pferde eingefangen und um 11 Uhr fertig bepackt und abmarschbereit. Durch herrliche, parkartige Hügellandschaften führt uns der nur viereinhalbstündige Ritt zum zweiten Campplatz. Unterwegs verlieren wir mehrmals Werners große, für Wildaufnahmen gedachte Kamera mit dem langen Stativ. Aber immer wird wieder neu aufgepackt, und man lernt dabei. Besonders interessant ist der recht schwierige Diamantknoten (Diamond hitch). Auf dem Packpferd liegt zunächst der mit Krampen und Stricken versehene schmale Tragsattel. Auf diesen werden die im Gewicht genau ausbalancierten Segeltuchtaschen oder Packkisten in gleicher Höhe eingeschlauft. Über dieselben wird dann ein großes Stück starkes Segeltuch gelegt, und über diesem wird mit einem langen Seil, das an dem einen Ende ein Gurtstück mit einem Holz- oder Hornhaken besitzt, der Diamantknoten geschlungen. Er hat seinen Namen von der viereckigen Form seiner Verschlingung, die, richtig gemacht, sich selbst zuzieht und durch einen Zug am Ende des Seiles zwar sofort gelöst werden kann, aber die besthaltende Verschnürung darstellt, die der praktische Sinn und die lange Erfahrung der Kanadier erdacht hat.

Heute ermanne ich mich zum Fischen und habe bald am Spinner 4 schöne Großkopf-Forellen (Bulltrout oder „Dolly Varden", Salvelinus spectabilis) sowie eine große Regenbogenforelle gelandet. Letztere kämpfte ausgezeichnet an der sehr dünnen Schnur, und Werner kommt gerade während dieses aufregenden Manövers hinzu. Ich merke, dass ihn diese Sache doch sehr interessiert, und glaube, dass es nicht mehr lange dauern wird, bis Petrus an ihm einen neuen Jünger haben wird.

Als beim Abendessen die Fische auf den Tisch kommen, erscheinen urplötzlich zwei wettergebräunte Mädels vor dem Lager, die in langen Leinenhosen und braunen Hemdblusen von ihren Pferden springen, ihr einziges Packtier anbinden und mit „Hallo" das Zelt betreten. Curly kennt sie. Es sind Miss Storrs und Miss Oldstone, beide aus Fort St. John. Sie versehen eine Art Missionarendienst und besuchen die wenigen in der Wildnis ansässigen Siedler, wo sie in allen Unglücks- und Krankheitsfällen helfend eingreifen und gleichzeitig dort Seelsorge ausüben, wo der Priester nicht mehr hingelangt. Curly spricht sehr achtungsvoll von diesen tapferen Mädels, die im ganzen Lande großes Ansehen genießen. Wir wurden vorgestellt und laden die Damen zum Essen ein, was sie gerne annehmen. Die eine spricht ein wenig Deutsch, die andere

Französisch, so dass auch ich mich angeregt unterhalten kann. Sie treten mit der selbstverständlichen Sicherheit wildnisgewohnter Menschen, denen im Übrigen die weite andere Welt gut bekannt ist, auf und sprühen von Temperament, Lustigkeit und Unternehmungsgeist. Die Ältere hat fast alle größeren Städte Deutschlands besucht, die Jüngere ist sogar einem lustigen kleinen Flirt nicht abgeneigt. Wir verleben eine angeregte Stunde, dann schwingen sich diese beiden Sensationen der Wildnis gewandt wie die Cowboys wieder auf ihre Pferde und traben, lustig winkend, in den wilden Wald hinein, da sie noch vor der Nacht einen viele Meilen weit entfernt wohnenden Wildnissiedler aufsuchen wollen. Es gibt auf der Welt nur ganz wenige Frauen, die man getrost auf eine Expedition wie die unsere mitnehmen könnte. Diesen zwei Mädels hätte man aber sicher alle Strapazen und Entbehrungen zumuten dürfen, das sah man ihren drahtigen Körpern und den starken, verarbeiteten, aber edlen Händen an. Harte, tapfere Weiber, und doch Damen der großen Welt. Es war fast wie ein Wunder der Wildnis, ihnen zu begegnen.

Am Fluss habe ich heute eine ganze Kolonie der grauen Flussuferschwalben gefunden, deren zementierte Nester ich fotografiere (Riparia riparia, Bank Swallow).

Überall stehen die großen Stauden des Rittersporns und Eisenhutes mit ihren tiefblauen Blüten auf den Savannenflächen, dazwischen wuchert eine große Wicke, die Lupine und das lange Reihgras, alles ein ideales Futter für unsere 31 Pferde. Ich sehe die ersten starken Wolfsfährten, einen blitzschnellen, gestreiften Chipmunk (kleinste Eichhörnchenart, Eutamias quadrivittatus) und Biberspuren. Auf einer Sandbank steht die Fährte eines mit Mokassins beschuhten Indianers, unweit davon das Trittsiegel eines Präriewolfes (Cojote). Auf den Kieshalden des Flusses wächst eine eigenartige rotblumige Pflanze, die ein Halbschmarotzer ist. Die Kanadier nennen diese Blume, die den wissenschaftlichen Namen Castilleja miniata Dougl. trägt, Indian Paintbrush oder painted-cup, weil die Indianer sie zum Färben ihrer Stoffe und des Lederzeuges benutzen. Beim Zerdrücken der gelbroten Blüte entquillt ihr ein blutroter, reicher Saft, der nur schwer abwaschbar ist. – An einer gewissen Grasart hängen gelbliche, honigsüße Tropfen, wie Tauperlen. Das alles sind auch Wunder der Wildnis, welche dem, der die Natur liebt wie seine Mutter, tiefes, inneres Glück ins Herz senken.

10. AUGUST. Es ist so heiß geworden, dass wir alle nur in Hemd und Hose reiten. Trotzdem ist bald alles am Leibe triefend nass. Wir haben diesmal einen langen Marsch und steigen mit schmerzenden Gliedern und von der Hitze erledigt um 6 Uhr abends aus dem Sattel. Unser Lager wird an der Einmündung des Jackson River in den Halfway, in der Nähe des Einödsiedlers Wagner, aufgeschlagen. Ein ausgiebiges Bad im Fluss, dessen Wasser ich beim Schwimmen in Mengen trinke, bringt mich bald wieder in Form, aber essen kann ich nichts. Hitze und Anstrengung wirken nach. Der Siedler Wagner und sein Knecht Beckmann suchen uns im Zelt auf. Sie sind typische Westfalen, aber ihre Muttersprache haben sie vollkommen verlernt. Wir sind eine Sensation für diese Leute, die oft ein ganzes Jahr keinen weißen Menschen zu sehen bekommen. Der alte Wagner redet ununterbrochen auf Englisch. Ein Indianerbengel, den die Siedler mitbrachten, glotzt uns blöde an, und als er einen kleinen Schluck Whisky in warmem Wasser erhält, kullern ihm die Tränen über sein gelbrötliches schmutziges Gesicht.

11. AUGUST. Bereits um 10 Uhr ist alles abmarschbereit, und wir überschreiten den Halfway River. Curly und ich reiten an der Spitze. Das reißende Wasser umspült die Pferdebäuche. Vorsichtig sehen die Tiere Tritt für Tritt auf die in der Strömung rollenden, vom Wasser rund geschliffenen Steine. Das ganze Rudel der Pack- und Leitpferde folgt, und das spritzende Wasser glitzert und rauscht um ihre Leiber. Werner ist mit Ted auf der Höhe einer Felswand zurückgeblieben, um das schöne Bild fotografisch festzuhalten. Mein in den Karpaten gebrochenes Bein schmerzt mich, und ich laufe lange Strecken zu Fuß, den Rappen am Zügel führend. Nichts ist ermüdender, als bei großer Hitze den ganzen Tag Schritt zu reiten, und deshalb kam ich auf den Gedanken, zur Abwechslung mal den Damensitz zu versuchen. Das geht bei dem hohen Knopf der Westernsättel ganz gut, sowohl links als rechts, und erleichtert den langen Ritt. Unterwegs kamen wir bei einem der letzten Siedler vorbei. Die beiden Wildwestmädels sind schon längst bei ihm eingetroffen und kommen freudig angesaust, eine Viehkoppel mit elegantem Schwung überspringend. Sie winken uns zu und machen fotografische Aufnahmen. Überall wachsen Erd- und Preiselbeeren, dazwischen hohe Schierlingsstauden und violette Herbstastern. Die Fauna und Flora hat in vielem große Ähnlichkeit mit der europäischen, allerdings sind feine Unterschiede vorhanden, und die Vielgestaltigkeit ist größer.

Nach 6½-stündigem Ritt campen wir an einem größeren Bach inmitten eines Whitespruce Wäldchens (Picea canadensis, kanadische Fichte). Die von den Kanadiern mit dem Namen mosquito hawk (Mückenhabicht) bezeichneten Nachtschwalben (Chordulis minor), die in der Jagdliteratur oft mit dem im Osten vorkommenden Whip-poor-will (Antrostomus vociferus) verwechselt werden, erfreuen uns durch ihre herrlichen Flugbilder. Es gibt wohl keinen Vogel, der eine größere Eleganz, Grazie und Schnelligkeit des Fluges entwickelt als diese in der Größe der europäischen gleichkommende Nachtschwalbe. Mit ihren falkenartigen Flügeln schwingt sie sich hochaufsteilend in die Luft und lässt sich dann in reißendem Sturzflug fast bis zur Erde niederfallen. Dabei erzeugt das gespreizte Gefieder ihres Stoßes einen lauten, tiefbrummenden Ton, der eine auffallende Ähnlichkeit mit dem dumpfen Röhren eines alten Karpatenhirsches hat. Lange schauen wir diesem eigenartigen, eleganten Insektenfänger zu, und es gelingt Werner, eine Nahaufnahme eines sitzenden Vogels, der im morschen Fallholz eine ihn fast unsichtbar machende Schutzfärbung besitzt, zu machen.

Außer dem roten Eichhörnchen (Red squirrel) sehen wir auch ein Exemplar des Flughörnchens, welches sich mit einem Riesensatz fallschirmartig vom Wipfel einer hohen Fichte in das Geäst einer anderen schwingt.

12. AUGUST. Ein Teil unserer Pferde bekommt nachts Viehglocken umgehängt, um sie morgens schneller finden zu können. Aber heute sind 8 Pferde, trotzdem sie gehobbelt (gefesselt), aber ohne Glocken losgelassen wurden, entlaufen. Erst am Nachmittage werden sie gefunden und eingefangen. Wir müssen daher einen Ruhetag einlegen, da es zu spät zum Abmarsch geworden ist. Ich gehe mit der leichten Spinnrute zum Fluss, aber die Forellen wollen von allen ihnen vorgeführten Spinnern und Blinkern hier nichts wissen. Ich fange nur eine kleine Barbe, die sich von außen eingehakt hat. Ted, der mit einem dicken Bindfaden, riesigem Haken mit Fleischstück und einem Weidenstock fischte, hat mehr Glück, er bringt 4 kleine Regenbogenforellen mit. Werner erlegt mit dem Kleinkaliber 4 Foolhens, haselhuhnartige Waldhühner (Canachitis canadensis), die abends eine willkommene Abwechslung in der sonst konservenreichen Nahrung abgeben. Zwei große Goldadler (Aquila chrysattos), ein prachtvoller Habicht (Astur atricapillus) und ein rotschwänziger Bussard (Buteo borealis) streichen, während ich fische, in Schrotschussnähe über mich hin, und in hoher Luft schaukeln einige graue Möwen, deren Art ich nicht ansprechen kann. Auf den Kiesbänken des Flusses trippeln Flussregenpfeifer (Chorodrius nivosus) herum, mit leichtem, graziösem Flügelschlag schwingen sich kleine Sandpieper (Pisobia bairdi und Micropalma himantopus) von den Schlammbuchten hinüber zu großen Haufen gebleichten Treibholzes, das der Fluss zur Zeit der Schneeschmelze in riesigen Mengen an seinen vielen Windungen auftürmte. An einem stillen Altwasser stehen die Spuren der Bisamratte, und im dichten, fallholzübersäten Fichtenwald haben die Schneeschuhkaninchen, die jetzt gerade wieder ihren durch eine Seuche hervorgerufenen periodischen Tiefstand erreicht haben, noch gut erkennbare Pässe in die dicken Moospolster getreten. Mit ihnen nimmt auch alles Raubwild ab und wieder zu. Gute Zeiten hat der Trapper, wenn diese Nager gerade den Höhepunkt ihrer Vermehrung überschritten haben, dann gehen die zahlreichen Kojoten, Marder, Luchse leicht auf das beköderte Tellereisen.

Man findet hier schon etwas mehr Deer- und Elchfährten, auch ein frisches Trittsiegel des Schwarzbären ist zu sehen. Aber noch kommt uns kein Stück Großwild zu Gesicht. Die Weiten und Wälder sind zu groß, das Wild zu dünn verteilt und zu unregelmäßig in seinen Wechseln. Es wäre ein großer Zufall, mit ihm zusammenzutreffen.

13. AUGUST. Wieder sind einige Pferde entlaufen, Curly flucht, alles geht auf Suche, und schließlich sind wir um 11 Uhr abmarschbereit. Heute führt der schmale Trail durch große, zum Teil von den Indianern abgebrannte Fichtenwälder. Sie lieben diese Holzart nicht und ziehen die Weichhölzer der Weiden und Pappeln dem Nadelholz vor, weil sie wissen, dass die äsungsspendenden Laubholzsträucher dem Moose (Elch) und Mule deer (Maultierhirsch) bessere Lebens- und Vermehrungsmöglichkeiten bieten. Ungeheure Holzwerte sind den Flammen auch hier zum Opfer gefallen. Ich sah Weißfichten von 28–30 m nutzbarer Länge, aber ihre Stärke war nicht größer als die in einem heimischen 60-jährigen Rotfichtenbestand.

An einem alten Biberdamm reiten wir vorbei. Längst sind hier von Indianern und Weißen diese schönen und wertvollen Pelztiere ausgerottet. Nur das von ihnen aufgestaute Altwasser verrät ihr einstiges Dasein.

Eine verlassene, zerfallene alte Siedlung, mehrere Indianergräber sehen wir liegen, und nun begegnet uns gar ein Mensch, ein alter Indianer mit seinem Jungen, beide auf Mustangs beritten.

„Wie ist dein Name?" ruft der Bengel jedem von uns im Vorbeireiten zu, aber der Alte schweigt und blinzelt uns misstrauisch aus seinen geschlitzten Augen an.

Zweimal müssen wir den Fluss durchreiten, um weiterzukommen. Alljährlich verändert er sein Bett und reißt Bäume und Teile des schmalen Indianerpfades mit sich.

Um 4 Uhr brechen wir den Ritt ab und schlagen die Zelte auf. Werner geht mit Teds primitivem Angelgerät fischen und hat bald zwei Regenbogenforellen und drei schöne Dickkopfforellen gelandet, von denen die dickste 2½ Pfund wiegt. An meinem feinen Spinnzeug erbeute ich nur zwei Äschen.

Am Wasser mehren sich die Mokassinsfährten der Rothäute, und wir sehen verschiedene verlassene Lagerstellen mit den kegelförmig aufgestellten Zeltstangen für ihre Tipis. Abends wird es nun schon recht kühl, und die Moskitos lassen etwas nach.

14. AUGUST. Durch weite Grasprärien und Muskegs (Sumpfwälder) führt uns der zähe, immer gut gelaunte Curly weiter nach Norden. Wir reiten an der letzten menschlichen Siedlung vorbei, die ein Weißer bewohnt, der mit einer Squaw (Indianerweib) zusammenlebt. Früher war er einmal ein wohlhabender Ladenbesitzer in der fernen zivilisierten Welt. Dann zog er hinaus in die Wildnis mit seiner Habe, nahm das rothäutige Weibchen, und nun ist er arm wie eine Kirchenmaus, weil der ganze Stamm seiner Frau Gemahlin ihm das Letzte abgebettelt hat.

Wieder durchreiten wir zwei reißende Flüsse, sind aber schon um 3 Uhr an dem von Curly ausersehenen Lagerplatz. In der Nähe steht auf einer alten, toten, weißgebleichten Fichte, deren Wipfel der Sturm ausgebrochen hatte, ein alter, großer Fischadlerhorst. Zwei dieser herrlichen, weißbrüstigen, spitzflügeligen Vögel kreisen über uns. Vom Tage zuvor hatte ich mir die Vorderflossen einiger Forellen aufbewahrt. Ich versehe sie mit Doppelhaken und Bleibeschwerung, so dass sie sich gut von der Rolle werfen lassen, und fange in kurzer Zeit mit diesem gut spinnenden Köder vier schwere Bulltrout (Dickkopfforellen) und eine fast dreipfündige Regenbogenforelle. In all diesen von den Rocky Mountains nach Osten abfließenden Gewässern gibt es keine Lachse. Dieser Fisch steigt nur vom Pazifischen Ozean her die nach Westen strömenden Flüsse des großen Felsengebirges manchmal in ungeheuren Mengen hinauf und ist dort während seiner Laichzeit die Hauptnahrung des Bären. In vielen Seen gibt es sehr große Hechte, eine Zander- und eine Barschart, ferner Weißfische, die besonders wegen ihres guten Fleisches geschätzt werden. Wenn wir im November am Slave Lake auf Elch, Grizzly und Deer jagen, wollen wir auch mit der Schleppangel auf Hechte in diesem See fischen. Aber zuvor ist noch nach unserer Rückkehr vom Prophet River im Brazeau-Flussgebiet eine 15-tägige Jagd auf Wapiti (hier Elk genannt), Schwarzbär und Dickhornschaf geplant. Zu Weihnachten werden wir dann gerade wieder daheim mit unseren Lieben vereint sein.

Am Abend, als ich mit den Fischen heimkehre, meldet Curly, dass in der Nähe der ganze Stamm der Biberindianer und Teile des Cree-Indianerstammes lagern. Der Chief (Häuptling) habe die einzelnen Familien zu einem großen Fest zusammengezogen, nach dessen Abschluss die einzelnen Horden in das ihnen zugewiesene Jagdgebiet ziehen und dort „Fleisch machen" würden für den Winter. Vom Zelt aus höre ich die wilde Tam-Tam-Musik und die Gesänge der tanzenden Nomaden.

15. August. Werner hatte gestern eine kleine Grippe, die er aber mit Whisky schnell wieder vertrieb. Es hat gefroren, und auf unserem Waschwasser müssen wir eine Eisschicht zerdrücken. So schnell geht hier der Übergang vom Sommer zum Herbst vor sich.

Werner und ich reiten, während die anderen satteln und packen, zum großen Indianerlager. Über 30 Tipis (Spitzzelte) stehen im Waldrand, an die 100 Pferde laufen in der anstoßenden großen Savanne herum, und dazwischen jagen die jungen Burschen mit ihren Lassos auf gescheckten und falbenfarbigen Mustangs herum. Wir binden unsere Pferde an und ich pirsche mich mit der kleinen Kamera, überall Zigaretten verteilend und freundlich grinsend, an die Zelte heran. Gleich im ersten Halbzelt macht mir eine dicke, aufgeschwemmte Vettel klar, sie sei keine Biberindianerin, vielmehr überhaupt keine Rothaut, sondern eine von dem Stamme Cree. Dieses Ungeheuer schämt sich schon ihrer eigenen Rasse und will mir klarmachen, sie sei eine Weiße. Zweifellos sind diese beiden Creefamilien, deren Zelte abseits stehen, mit weißem Blut verbastardiert. Sie tragen auch mehr Kleidungsstücke weißer Herkunft als die anderen Indians vom Biberstamm. Diese sind augenscheinlich noch vollkommen reinrassig und leben in der wilden Jägerfreiheit ihrer Vorväter. Ich krieche in ein Zelt, in welchem sich 2 Mädels befinden, von denen die eine ganz hübsch ist und mich dauernd freundlich ankichert. Sie rauchen mit Genuss meine Zigaretten, und ich mache unbemerkt zwei Nahaufnahmen. In einem anderen Zelt entdecke ich eine sicherlich 100 Jahre alte Frau mit langem, strähnigem, grauem Haar. Sie ist aber sehr scheu, wendet sich, abgehackte, kurzsilbige, vokalreiche Worte vor sich hinredend, dauernd von mir ab, so dass ich nur eine ungünstige Aufnahme zustande bringe. Nun frage ich nach dem Chief (Häuptling). Junge Burschen zeigen mir sein großes Tipi, und ich will ihm einen Besuch abstatten. Aber ein ganzes Rudel halbwilder Hunde umzingelt mich bellend und fletschend. Der Häuptling tritt aus dem Zelt, ergreift eine lange Stange und schlägt mit ihr einigen Hunden unbarmherzig ins Kreuz, worauf die Unterhaltung beginnt. Ich mache ihm klar, dass wir aus Deutschland kommen (was bei ihm große Freude auslöst) und ihn sowie die anderen seines Stammes fotografieren wollen. Er stellt sich in Positur, und ich knipse. Dann trage ich ihm meinen Wunsch vor, eine alte Squaw zu fotografieren. Er bringt mich zu einem Zelt, in welchem eine alte, runzlige Dame hockt, die eine Tonpfeife im zahnlosen Mund balanciert. Ich gebe der leidenschaftlichen Raucherin ebenfalls eine Zigarette und darf nun fotografieren. In manches Zelt krieche ich noch aus Neugier, und in einem verkriechen sich die jungen Mädels unter Decken und Felle. Ein kleines Kind krabbelt draußen herum und will mit einem der bissigen Köter spielen. Der aber knurrt und fletscht die Zähne. Da springt ein hübsches, etwa 17-jähriges Mädel mit einem langen Messer aus dem Zelt, ergreift den Hund im Genick, drückt ihn nieder und schneidet dem unglücklichen, wildaufjaulenden Tier den Schwanz an der Wurzel ab. Ich wusste zwar, dass Naturvölker keinerlei Mitgefühl für Tiere besitzen, dachte mir aber, dass der Mann, der diese junge Dame einst ehelichen wird, auf allerlei Temperamentsausbrüche gefasst sein muss, wenn er sie nicht gleich am ersten Tage windelweich verprügelt, was übrigens wahrscheinlich der Fall sein wird; denn auch bei den weißen Siedlern gilt das Wort: „Die Axt im Hause erspart die Ehescheidung." Wildnis ist eben keine Zahmnis!

Inzwischen hatte Werner, dessen Antipathie für Nomadenzelte ich aus dem Donaudelta kannte, verschiedene Farbaufnahmen am Rande des großen Lagers gemacht, wo eine Horde junger, berittener Burschen Reiterkunststücke vorführte. Ein ungebrochener, wilder Mustang wurde geschickt gejagt und mit dem Lasso eingefangen. Dann schwang sich ein etwa 15-jähriger Bengel auf den Rücken des Gaules, klemmte sich fest, und nun begann ein Bocken, Buckeln und Ausfeuern nach allen Seiten. Lachend saß der Bursche eisenfest auf dem nackten, immer wilder hochschnellenden Pferderücken, dann sprang er gewandt ab und stand auf den Füßen. Hüte wurden hingeworfen und von galoppierenden Pferden aus mit schneller, leichter Bewegung aufgegriffen. Achtjährige Jungens lassierten schon im Galopp vorbeijagende Pferde, und ein vielleicht vierjähriges Kind versuchte mit einem Seil den Zelthund einzufangen. Es war ein buntes, freies Leben bei diesem eigenartigen Stamm, der im Schnitt des Gesichtes durchaus mongolischen Einschlag verriet. Wahrscheinlich sind diese Menschen mit dem Wisent, dem Elch und Maralhirsch (dem heutigen Wapiti) vor vielen tausend Jahren aus Asien eingewandert, als noch die Landbrücke an der heutigen Beringstraße bestand.

Unser Packzug naht heran und wir müssen weiter. Vorher war an uns das Outfit eines Amerikaners vorbeigezogen. Der feine Geldmann hing sehr unglücklich auf seinem Pferd und blickte nicht rechts und links. Curly hatte die Sorge, dass dieser „Jäger" von seinem Guide ebenfalls in das Prophet River Gebiet geführt würde und schmiedete Pläne, ihn irgendwo zu überholen, um als Erster dort einzutreffen.

Durch weite Savannen und hügelige Parklandschaften geht es allmählich den im Hintergrund vor uns auftauchenden Rocky Mountains zu. Immer wilder wird die Gegend, und von jeder erstiegenen Höhe eröffnen sich uns neue zauberhaft schöne Ausblicke auf wilde Flusstäler und unabsehbare Waldmassen.

Als ich einmal allein auf meinem Prince einen kleinen Abstecher in ein Seitental machte, erblicke ich plötzlich vor mir eine uralte Indianerin am Boden sitzen. Ihr Gesicht ist von unzähligen Runzeln durchfurcht und sieht aus wie altes Leder. Lange, grauweiße Haarsträhnen hängen ihr über die Schultern. Vor ihr steht ein winziger Napf mit Pemmikan. Aus ihren geschlitzten Augen sieht sie mich mit schrägen Blicken, die ich nie vergessen werde, an. Der uralte Hass der roten, vergewaltigten Rasse gegen die weiße, grenzloses Misstrauen, unsägliche Trauer und die wilde Scheu des Wolfes liegen in diesen alten Augen. Sie murmelt mir im vokalreichen Nakatä-Dialekt leise, unverständliche Worte zu.

Der alte Trapper erzählt mir später, dass dieser Indianerstamm stets seine alten Leute, sobald sie nicht mehr in der Lage sind, der jagenden Horde zu folgen, am Trail zurücklasse, damit sie in Ruhe verhungern könnten; denn ohne die Existenz des ganzen Stammes aufs Spiel zu setzen, könne man die Alten nicht mitschleppen. Es sei besser, beweglich zu bleiben und die Greise ihrem sowieso unvermeidbaren Schicksal zu überlassen. Auch im Verkehr mit ihren Tieren kennen Naturvölker den Begriff Mitgefühl nicht. Ihr Leben zwingt sie zur Härte gegen sich selbst und andere Lebewesen.

Am Abend lagern wir in einem kleinen Pappelwäldchen zwischen dem Amerikaner und dem Chief der Biberindianer, der uns nachgezogen ist. Morgen werden wir all diese lästige Gesellschaft in einem östlich ausholenden Gewaltmarsch abschütteln.

Heute Abend haben wir aber noch Zeit zu einem kleinen Gang. Werner und Ted gehen zum River und bringen 11 Forellen mit, meist 1–1½ Pfund schwer. Mich gelüstet es nach der vielen Konservenkost sehr nach einem frischen Stück Wildpret, und ich pirsche mit Eben ein Seitental hinauf. Bald erspähen wir vor uns einen jagenden Indianer, der in der Talsohle sein Pferd angebunden hat. Wir biegen daher seitwärts ab und setzen uns auf einen Hügel, der guten Einblick auf die langgestreckte Hauptwand des Tales bietet, an. Nach einiger Zeit entdecke ich auf etwa 1000 m auf einer kleinen Blöße des dichtbewaldeten Abhanges ein Deer. Anscheinend ist es ein geringer Hirsch. Aber die Entfernung ist zu groß und die Zeit zu kurz, um ihn anzugehen. Wir sitzen, leise plaudernd, noch eine Weile zusammen und gehen erst bei Sonnenuntergang durch dichtes Bergbirkengestrüpp und versumpfte Flächen zum Lager zurück. Dort hören wir von dem Führer des Amerikaners, dass dieser arme New Yorker Stadtmensch von den bisherigen Strapazen bereits vollkommen erledigt ist. Außerdem hat er seine Patronen vergessen, die ihm nun ein Flugzeug, das eine andere Jagd-Party zum Trimble Lake bringen wird, beschaffen soll. Mit einem ernstlichen Konkurrenten haben wir es also sicher nicht zu tun. Aber vielleicht bietet sich für uns eine Gelegenheit, durch den Flieger Post in die Heimat befördern zu lassen. Unsere Angehörigen werden sich um uns sorgen, aber sie wissen ja, dass wir bis mindestens zum 6. oder 7. Oktober vollkommen von aller Welt abgeschlossen sind und weder Post befördern noch empfangen können.

Die Gegend hier am Quarter Creek ist schön und wild. Man findet auch viele Elch- und Schwarzbärfährten, aber das Gebiet ist doch sehr durch die Biberindianer gestört, da der ganze Stamm ebenfalls nach Norden zum Jagen zieht. Das Wild ist daher sehr heimlich, der Busch zu dicht. Die Formation der Berge ist rund und wellenförmig, oben sieht man Kare, Geröllhalden und Matten, tiefer unten Fichten- und Pappelwälder in großen Flecken bunt verteilt. Die Talböden bestehen aus Sümpfen mit knietiefen Moosteppichen und Graskaupen, unterbrochen von niedrigen Dickungen aus Zwergbirken und verschiedenen Weidenarten. Auch eine rote Cornus-Art, die wir in unseren Parks eingeführt haben, hier Bunchberry (Cornus canadensis L.), ziert mit ihren purpurfarbenen Zweigen als Unterholz den wilden Wald.

16. AUGUST. Wir brechen um 10 Uhr auf und schlagen eine andere als die erst geplante Richtung ein, da wir den Amerikaner östlich umgehen und überholen wollen. Auf kaum erkennbarem Trail, der mehr Elchwechsel ist als Indianerpfad, geht es erst aufwärts durch den dichten Wald, dann durch versumpfte Stellen, in denen die Pferde oft bis an den Bauch versinken, wieder abwärts. Abermals hinauf und durch weite, sichtige Hochtäler. 8 Schüsse fallen hoch oben in einem Graben, den ein Fichtenschopf durchzieht. Jagende Indianer.

Während für jeden weißen Jäger die Anzahl jeder Wildart, die er erlegen darf, limitiert ist, besteht nach dem alten Vertrag mit der roten Rasse für diese keinerlei Beschränkung im Abschuss. Auch dies muss auf die Dauer zur Ausrottung des Großwildes führen, da die Rothäute heutzutage reichlich mit modernen Remington-Büchsen ausgerüstet sind.

Über einen weiten Muskeg, der sich flach durch einen Hochkessel zieht, geht es langsam wieder hinab in das Tal. An einem Altwasser sind frische Biberspuren und -burgen. Weit vom Hang her haben sie die Aspen und Pappeln geholt und in breiten Rutschen zum Wasser gebracht.

Bei dieser Gelegenheit muss ein Wort über die bei uns Populus Canadensis genannte Pappel gesagt werden. Diese Bezeichnung ist völlig irreführend. Es gibt in Kanada im Ganzen 7 Arten Populus. Unsere europäischen Sorten führen als Kreuzungen der alten, fast ausgestorbenen, einheimischen Schwarzpappel (P. nigra) mit Kanadierinnen wohl das Blut von 2 Pappelarten des nordamerikanischen Kontinents. Diese sind: P. Deltoides Marshall, insbesondere ihre Variation Monilifera, und P. Trichocarpa, in Kanada Black Cottonwood genannt. Diese verschiedenen wertvollen Kreuzungen, Rückkreuzungen, Mutationen und Selektionsformen werden bei uns „Kanadische Pappeln" genannt, obgleich es sie in Kanada nicht gibt. Nur die vereinzelt eingeführte, in Kanada mit dem indianischen Namen „Tacamahacca" bezeichnete Art ist reinblütige Kanadierin. Sie aber wird bei uns „Balsampappel" (P. Balsamea) genannt und ist für den forstlichen Gebrauch wertlos.

Erstes Camp, Schaurte erwacht

Nachsatteln der Pferde, in der Mitte Dr. W. T. Schaurte,
rechts Eben-Ebenau

Der Nelson-River wird durchritten

Riesige Waldbrände hatten gewütet,
nur kleine Inseln von Weißfichte sind stehengeblieben

Biberburg

Erste Begegnung mit Indianern, ein Boy mit Lasso

Am Camp der Cree-Indianer

Teepee (Zelt des Häuptlings der Biber-Indianer)

Der Chief der Biber-Indianer

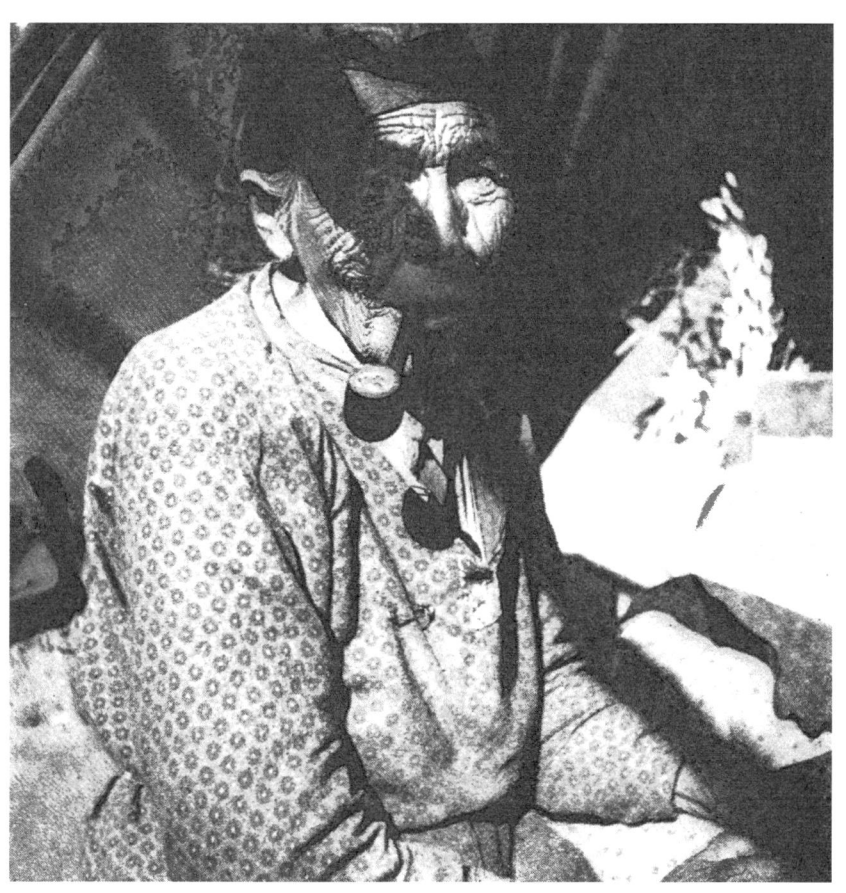

Alte Indianerin im Zelt

Die alte Indianerin, die nicht mehr reisen und marschieren konnte und die der Stamm zurückließ

Die Gegend wird immer wilder. Fortwährend klettern die Pferde über Windwürfe und Geröll, patschen durch Sumpflöcher und schwarze Moräste. Keines dieser bergsicheren Geländepferde strauchelt auch nur einmal. Auf dem Trail stehen viele Elch- und Wolfsfährten. Kratzspuren des Grizzlys und Baribals sind an den Bäumen zu sehen. Als wir einen Hochpass überschreiten, öffnet sich ein weiter Blick in Täler und Schluchten. Ein langgestreckter See (Marion- oder Pussy Lake) liegt vor uns. An seinen Ufern geht es entlang, wieder über Windwürfe, Gestein und Morast. Äste schlagen uns ins Gesicht, unter gestürzten Bäumen kriechen die Pferde hindurch. Flach legen wir uns über die Sättel, geben den Pferden freie Köpfe am langen Zügel. Mein Rock geht in Fetzen. Das rechte Knie, in dem eine alte Entzündung sitzt, schmerzt infam. Zwei schwarze Enten (Oidemia Fusca) stehen auf. Urweltliche Wildnis ist um uns. Endlich um 5½ Uhr macht Curly Lager am Ende des Sees. Diese 7½ Stunden Ritt durch schwerstes Gelände haben uns allen zugesetzt. Aber noch ist keine Ruhe, wieder muss abgepackt, abgesattelt und das Lager aufgeschlagen werden. Ein kalter Wind weht hier oben, wir sind auf etwa 1300 m Seehöhe. Um uns herum steigen die Berge steil auf, oben kahl oder mit Beerkraut bewachsen. Ich suche mit dem Glase die Höhen ab und finde einen starken Schwarzbären. Große Aufregung. Alles schaut durch die Gläser. Der Bär wechselt auf der kahlen Halde eines Berges von uns fort. Es ist zu weit, ihn anzugehen (etwa 1500 m), auch wird seine Decke jetzt noch nicht gut sein. – Die Karte stimmt nicht. Nach derselben ist unser See kreisrund, in Wirklichkeit ist er aber langgestreckt. Der Karte gemäß müssten wir in 2 Tagemärschen am Prophet River sein, aber Curly sagt, wir brauchen noch 6 Tage. Morgen kommen wir in die Nähe des Shikanni Chief River[3]. Abends weht starker Wind, und ein fester Regenschauer kommt über uns. Es ist recht kalt.

17. August. Nachts froren wir, ich musste eine Wolljacke unter den Trainingsanzug anziehen. Morgens sind die hohen Berge im Westen mit Schnee bedeckt. Wolken jagen im seeblauen Himmelsgewölbe. Wir brechen um 10 Uhr das Lager auf der Passhöhe ab. Curly verliert bald den kaum erkennbaren Trail, und wir geraten in einen tiefen Muskeg (Sumpf). Zwei Pferde bleiben stecken, verhalten sich aber ganz ruhig und können abgepackt werden, worauf

---

3   Anm. des Verlags: entspricht vermutlich dem heutigen Sikanni Chief River, Britisch-Kolumbien, Kanada.

sie sich sehr geschickt aus dem Sumpf herausarbeiten. Unter diesen befand sich auch Werners alte Stute Rose. Sie versank so tief im Moor, dass nur mehr der obere Teil des Kopfes herausschaute. Aber sie besaß ein unerhörtes Phlegma und knabberte, im festen Vertrauen auf menschliche Hilfe, in dieser üblen Lage noch an den Grashalmen herum, die in der Nähe ihres Maules wuchsen. Wir mussten ihr dann mit kräftig angezogenen Lassos aus dem schwarzen, zähen Brei heraushelfen.

Es dauert lange, ehe wir aus dem großen Hochmoor heraus sind. Diese Reiterei sollten unsere feinen Turnierreiter mal sehen! Wir kommen an einer großen Elchsuhle vorbei. Viele frische Fährten führen dorthin, und mitten auf ihrem Grunde liegt eine gute Abwurfschaufel mit schönen, langen 13 Enden und starker Tragstange. Leider müssen wir sie liegenlassen, es muss immer schnell weitergehen, sonst rudeln sich die Pferde zusammen und brechen dann seitwärts aus. Endlich sind wir aus dem Sumpf heraus, und nun geht es hügelauf und -ab durch Bestände von Jacksonkiefern und schließlich, absteigend, ins Tal des Shikanni Chief River. Eine zweite starke Elchschaufel liegt am Trail, und man sieht überall Wolfs- und Bärenfährten. Eine Bergente, ein paar Polartaucher und zwei Krickenten streichen vorbei. Weite Bergkessel und Täler öffnen sich. Ich lasse meinen geländesicheren Prince allein den Weg suchen und spähe die kahlen Höhen und Felskare ab nach Wild, finde aber nichts. Wir steigen das Bett eines trockenen Wildbaches hinab durch wildes Geröll und Geschiebe, verlieren den Trail, müssen wieder hinauf und gelangen endlich um 5 Uhr an eine günstige Campstelle, wo wir die Zelte aufschlagen. Die Pferde sind schon viel ruhiger geworden, sogar die zwei verrückten Stuten Chicken und Nancy. Nur einmal verliert Chicken ihr Gepäck, und bei den anderen brauchen wir nur sechs bis sieben Mal umzupacken.

Abends im Lager entdecke ich auf der Höhe eines kahlen Berges eine einzelne Schneeziege (starker Bock). Eben zieht auf einem anderen Berg ein Stück Wild, das entweder ein Caribou oder ein Wapiti-Tier sein muss. Letztere gelten für diese Gegend als ausgestorben, aber wir finden eine alte Abwurfstange am Lager. So ist es möglich, dass noch ein kleiner Rest hier am Shikanni vorhanden ist. Die Entfernung war über 3 Meilen, so dass man nichts Genaues sagen kann.

Wir sind richtig müde, und ich bin mit dem Magen im Streit. Nachts nimmt man die ausgezogene Hose und die Strümpfe mit in den Schlafsack, damit sie morgens warm sind. Liebe macht erfinderisch, Kälte noch mehr. – Curly erzählt eben, er habe von dem Guide, der den Amerikaner führt, gehört, dass in dem Flugzeug, welches die vergessenen Patronen des Amerikaners bringen soll, eine Party von 6 amerikanischen „Herrenjägern" mitkommen soll, die ebenfalls ins Quellgebiet des Prophet River wollen. Es hat sich herumgesprochen, dass die beiden Weltrekord-Stone Schafe aus dieser Gegend sind. Es wird also ein Wettrennen geben zwischen uns und den New Yorkern. Der einzige Vorteil an der Sache ist der, dass wir morgen angeblich Gelegenheit haben werden, dem Flugzeug, welches auf einem See landen soll, Post in die Heimat mitzugeben. Es soll am Trail ein sichtbarer Cache gemacht werden, in das wir die Briefe tun, wahrscheinlich eine leere Konservenbüchse an einen Baum gehängt. Ich habe daher schon einen Brief an meine Tochter Gretl geschrieben.

Das Wetter ist wieder klar, kalt und windig. Wir machen am Shikanni River einen Lebensmittelcache, weil wir auf dem Rückweg hier zwei bis drei Tage zu jagen beabsichtigen. Es hat außer Indianern wohl noch nie hier ein Mensch gejagt, aber sehr viel Wild ist trotzdem nicht da.

Cache nennt der kanadische Trapper ein am Trail oder an der Fallenlinie meist auf Bäumen angebrachtes Versteck. Dieses gegen die Ausraubung durch Bären so gesicherte Lebensmittel- oder Ausrüstungsdepot gilt für alle vorbeiziehenden Trapper, Goldsucher und auch Indianer als geheiligt. Nur in äußerster Not darf es ein anderer anbrechen, es sei denn, er tauscht andere Dinge gleichen Wertes aus. Dieses Gesetz der Wildnis wird so gut wie nie verletzt.

18. AUGUST. Morgens sehr kalt. Aber bald heizt die Sonne am klaren Himmel uns so ein, dass wir beide Wollwesten und den Rock ausziehen und ans Pferd hängen. Wir sitzen wieder 7 Stunden im Sattel mit gelegentlichem Absitzen und Gehen, das Pferd an der Trense. Am hochgelegenen, kleinen See vorbei geht es immer tiefer in die Rockies. Ich reite voraus. Über einen Sattel spähend, sehe ich unter mir einen kleinen, kreisrunden See, von hohen Felsbergen eingeschlossen. An seinem Ufer steht im seichten Wasser ein Rudel Stone Schafe, 6 Stück, schöpfend. Von der nachkommenden Kolonne gestört, werden sie bald flüchtig und gehen ab wie Mufflons, vorne das Leitschaf mit Lamm, am Schluss ein dreijähriger Widder. Um 5 Uhr treffen wir am Toten Männersee (Trimble- oder Deadman Lake) ein. Nach 2 Stunden Ruhe bin ich wieder obenauf. Wir sehen vom Lager aus 2 Caribous (die große kanadische Wildrentierart, die in 4 verschiedenen Formen vorkommt) auf einem kahlen Berg oberhalb des Sees.

Hinter uns eine Kolonne von 18 Pferden, die am See das Flugzeug erwarten soll. Morgen sollen wir unterwegs „Fleisch machen". Das tut auch not, ich kann die Katzenwürstchen und die scharfen Wassersuppen nicht mehr sehen.

19. AUGUST. Ich habe fest geschlafen. Werner sagt, ich hätte sogar so geschnarcht, dass er nicht habe schlafen können. Kaltes Wasser macht mich wach. Um ½ 10 geht es los. Die Frühlingsschmelzwasser des ersten in den See mündenden Creek haben den Trail ausgelöscht. Dichter Weidenurwald bedeckt die Flächen. Curly geht voraus, links seine alte Stute führend, während sein rechter Arm mit der Axt den Weg bahnt.

Schritt für Schritt muss der Weg erkämpft werden, aber der zähe, starke, alte Trapper führt keinen Hieb zu viel, jeder sitzt. Wir folgen langsam zu Pferde. Am Trimble Lake sehe ich erst eine Kette niedlicher, kleiner Harlekin-Entchen, die ganz vertraut sind, dann am andern Ufer ein starkes, fast schwarzes Elchtier, das zeitweise mit dem Haupt unter Wasser äst. Bald kommen wir an das Cache des Trappers von Huson Hope[4], in dem wir unsere Post in einer Blechbüchse verstecken mit der Bitte, sie dem Flugzeug, welches auf dem See landen soll, mitzugeben. Ein eigenartiges Postamt! Hinter dem See geht es auf eine Passhöhe, auf der sich ein mit Zwergbirken und Zwergweiden bestandenes Hochmoor befindet. Auf der anderen, abfallenden Seite bietet sich uns ein märchenhafter Anblick. Im Vordergrund riesige, verbrannte Wälder, deren Stämme sich grau gegen den Himmel recken. Im Hintergrund steigt eine schroffe Gebirgskette empor, blau und violett in ihren Schattenteilen und leuchtend dort, wo die Schneefelder und Gletscher liegen. Kein Mensch außer uns im wochenweiten Umkreis, Elch-, Caribou- und Wolfsfährten auf den moorigen Stellen der Wechsel. Der hinter uns liegende See hat seinen Namen „Tote-Männer-See" von folgender Begebenheit. Im Jahre 1915 zogen ein Mexikaner und ein Weißer durch diese Gegend, Kupfer suchend. Wahrscheinlich haben sie einen guten Fund gemacht; denn sie bekamen Streit an dem kleinen Blockhäuschen, das sie sich gebaut hatten. Eine Trappergemeinschaft von 5 Mann kam zufällig einige Wochen später an diesem Platz vorbei. Sie fand den Mexikaner mit einem Kopfschuss hinter einem Baum und den Weißen mit Arm- und Brustschuss in der Kabine, beide schon anrüchig. Die Trapper konnten, da sie zu fünf waren, von einer Anzeige bei der

---

4   Anm. des Verlags: entspricht vermutlich dem heutigen Hudson's Hope, Britisch-Kolumbien, Kanada.

Mounted Police Station in Pousse Coupé[5] (10 Tagereisen) absehen und nahmen ein Protokoll auf. Die beiden Prospektoren wurden gleich an Ort und Stelle beerdigt. War es nun nur Einbildung oder nicht, die Gegend roch nach Mord und sah düster und geheimnisvoll aus.

Jenseits der Passhöhe geht es in das Tal des Redfern River[6], welcher im gleichnamigen See entspringt. Dieser See soll eine riesige Forellenart beherbergen, die wissenschaftlich noch nicht bekannt ist. Curly, welcher in dieser Gegend 1926 als erster war und dort einen Winter hindurch getrappt hatte, erzählte von einem 92 Pfund schweren Fisch, den er von einem primitiven, selbstgezimmerten Floß aus gefangen hatte. Damals gab es hier noch sehr viel Raubwild. Curly erlöste von dem einen Winterfang über $ 4000. Es waren für über $ 2800 Biber dabei und über 100 Stück Nerze (Minks), der Rest bestand aus Wölfen und Füchsen. Jetzt hat das Raubwild sehr nachgelassen, da die Rabbits (Schneeschuhkaninchen) eine Seuche hatten und fast ausstarben, so dass das edle Raubwild keine Lebensmöglichkeiten mehr hatte. Ich spüre nur noch 2 Rotten der großen Waldwölfe. Bei der einen befand sich ein alter Rüde, dessen Fährte breiter war als der Abdruck meines schweren Jagdstiefels.

Der Ritt geht teilweise durch dichten Timber. Zweige schlagen uns ins Gesicht, mit zerkratzten und zerschundenen Händen, zerrissenem Rock langen wir endlich dort an, wo Curly Lager schlagen will, diesmal hart am Besa River. Seit 2 Tagen sind die Moskitos wieder ganz toll. Man kann keine Ruhe finden und kaum schreiben.

20. AUGUST. Nachts rieselt ein leichter Regen, aber tagsüber ist wieder herrliches Wetter. Es geht den Fluss entlang auf schmalem Elchtrail. Manchmal führt dieser Wechsel so dicht am Wasser vorbei, dass man jeden Augenblick erwartet, das unterspülte Ufer würde das Gewicht des Pferdes nicht mehr tragen, und man müsste mit ihm im nassen Abgrund landen. Mehrmals kreuzen wir Flüsse, der letzte kommt aus dem kleinen See, der keinen Namen hat und oben in den Rockies liegt. Dieser Fluss führt milchiges, kaltes Gletscherwasser, ist fischlos und wird Keilly River[7] genannt.

---

5   Anm. des Verlags: entspricht vermutlich dem heutigen Pouce Coupe, Britisch-Kolumbien, Kanada.

6   Anm. des Verlags: entspricht vermutlich dem heutigen Redfern Lake, Britisch-Kolumbien, Kanada.

7   Anm. des Verlags: es ist nicht mehr genau nachzuvollziehen, welchem heutigen Ort dies entspricht.

Angeschwemmtes Treibholz, guter Standort für starke Forellen

Durch Anstauen von Biber-Dämmen absterbender Weißfichten-Urwald.
Die kleinen im Hintergrund stehenden Bäume sind Schwarzfichten.

Marschpause am Rande der Rockys

Schaurtes Reitpferd „Rose" im Hochmoor versunken.
Links Fritz Dörr, Mitte Ted (Hand am Pferdekopf), rechts Jim

Am See der toten Männer

Düster und unheimlich liegt die Stätte des Mordes in der Wildnis

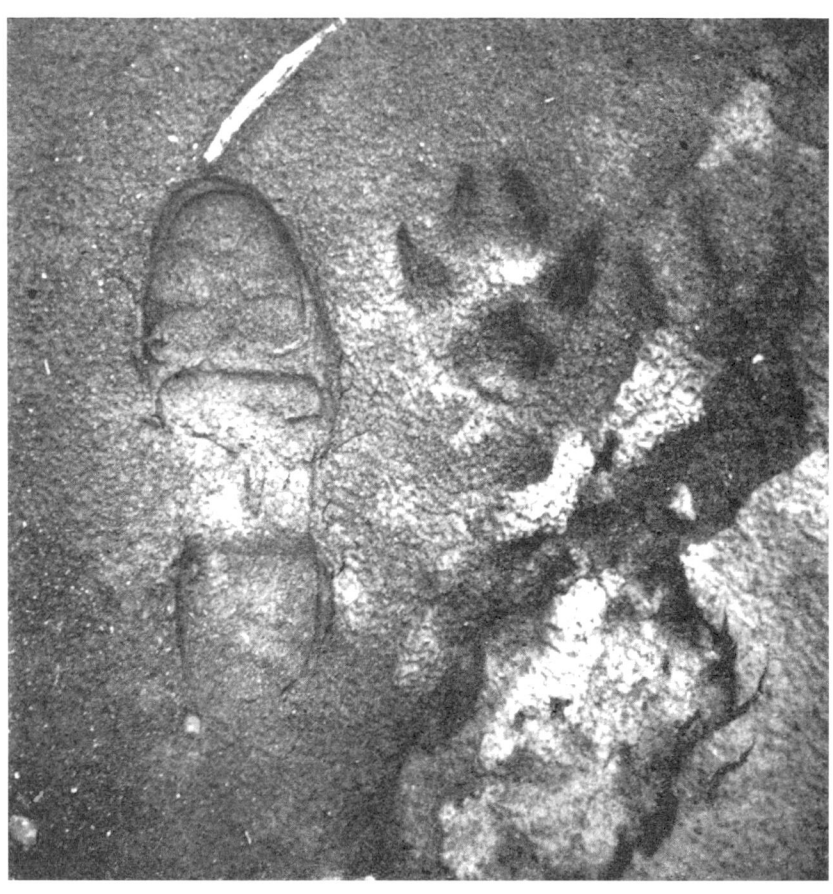

Timberwolf-Fährte, daneben mein eigener Fußabdruck

Unser heutiger Campplatz liegt hoch oben an der Timberline (Waldgrenze). Tief unter uns erstreckt sich mit dichten, sanft ansteigenden Matten der Weißfichtenurwald, auf dessen Grund die Silberschlange des Flusses, für uns schon unhörbar, dahinkriecht.

Dahinter aber türmen sich teils gerundete, teils scharfkantige, zackige Felsriesen auf, von blaugrauem Dunst überschleiert. Keinen einzigen dieser namenlosen Giganten hat je eines Menschen Fuß entweiht. Rote und weiße Jäger, die vielleicht mal diese Täler durchstreiften, hatten auf den Gipfeln nichts zu suchen, das Wild stand tiefer. Curly ist wohl der einzige Kenner dieses Gebietes. Zwei Winter hat er hier zwischen dem Shikanni und Moskwa River[8] getrappt. Das ganze weite Gebirgsland, in dem wir uns nun befinden, ist selbst der kanadischen Regierung noch unbekannt. Immer wieder stößt man beim Suchen in der Spezialkarte auf große weiße Flecke mit dem Überdruck „Unexplored" oder „Unprospected". Nur hier und da ist mal ein kleines Teilstückchen eines Flusses, den man von weitem sah, gestrichelt eingezeichnet.

Um auf unseren Lagerplatz, der kurz unter einem Sattel lag, zu gelangen, mussten wir eine sehr steile Lehne hinauf. Den Pferden schlugen die Flanken, und oft blieben sie verschnaufend stehen. An den steilsten Stellen saßen wir ab und hingen uns an die Schweife unserer Pferde. So kamen wir verhältnismäßig schnell und gut nach oben; denn ein Pferd steigt im Schritt mindestens dreimal so schnell wie ein Mensch. Die Gegend ist wieder sehr von Wölfen heimgesucht, die Elchwechsel stehen voll frischer Fährten dieses Raubwildes. Am Fluss spüre ich frisch Otter und Biber, und bei der Ankunft am Lagerplatz wechselt vor uns über die kahle Höhe ein starker Caribou Hirsch. Er war noch ebenso im Bast wie der dreijährige Elchschaufler, den Werner mit Ted auf einem kleinen Gang in der Nähe des Camps sah.

In drei Tagen sollen wir das sagenhafte Märchenland, das Quellgebiet des Prophet River erreicht haben. Die Spannung wächst immer mehr. Gegen Morgen wird die Moskito- und Blackflyplage fast unerträglich. Werner holt sein Riesenobjektiv hervor, setzt es mit der Leica auf das große Stativ und fotografiert den Ferner. Gegenüber von uns zeigt sich ein einzelner Caribou Hirsch. Mit meinem ausziehbaren, 29fachen Busch-„Spektiv" wollen wir ihn betrachten, aber Schwärme von Moskitos fallen über uns her, so dass man

---

8   Anm. des Verlags: entspricht vermutlich dem heutigen Muskwa River, Britisch-Kolumbien, Kanada.

wild um sich schlägt und auf den Genuss näherer Beobachtung verzichten muss.

21. *August*. Wir überschreiten die Caribou Range. Auf ihrem Kamm bietet sich unseren Augen ein unvorstellbar schöner Rundblick über die unzähligen Bergketten der Rocky Mountains mit ihren gralsburgartigen Zinnen und ihren Schneefeldern und Gletschern. Tief unten in den Tälern reißende Flüsse, dunkelgrüne Wälder, von heißer Sonne beschienen und von den schwarzen Schatten treibender Wolkenbahnen zeitweise tief verdunkelt. An einer großen Salz- und Schwefelecke geht es vorbei, zu der ausgetretene Caribou Wechsel führen. Die Sonne scheint zu heiß, das Wild ist bereits im Timber niedergetan. Unsere Pferde klettern wie die Elche, steil bergab geht es ins Tal des Richardscreek[9], wo Camp gemacht wird. Werner geht fischen und fängt mit Ted 12 Bulltrout, die stärkste mit 2 kg. Diese Forellenart hat einen lachsartigen Haken am Unterkiefer, sie kämpft aber schlecht und schnappt nach allem, was vorbeitreibt. Viermal fanden wir jetzt schon halbverdaute Mäuse in ihrem Schlund. – Ich gehe zum Creek, wasche und rasiere mich. Abends gehe ich bachabwärts zum Fischen. Das Flüsschen teilt sich aber hier in viele kleine Arme, das Wasser ist zu seicht. Auf den gegenüberliegenden Hängen erblicken wir drei Caribou Hirsche, die äsend auf etwa 2000 m an uns vorbeiziehen. Es ist kaum glaublich, wie weit man hier in dieser reinen Luft sehen kann. Auf den Sandbänken des Creeks finde ich Moose- und Deerfährten, ferner viele Spuren von Wölfen, Nerzen, Füchsen und Mardern. Es muss hier eine gute Trappergegend sein. Vor uns liegen nun die kahlen Massive des Quellgebietes des Prophetenflusses. Noch 2½ Tage, dann sind wir im auserwählten Jagdgebiet.

22. *August*. Die Pferde sind in der Nacht weit flussabwärts gelaufen, da die unzähligen Moskitos und Fliegen ihnen keine Ruhe gönnten. Uns ging es nicht besser. Überall werden Räucherfeuer in alten Konservendosen aufgestellt, und man hört hundertmal die Flüche von Curly.

Der erste Teil des heutigen Marsches führt ein breites Tal entlang, das dicht mit Zwergbirken und Zwergweiden bestanden ist. Auf seinem Grunde sehen wir eine große Lache, die nach Curlys Angaben aus kalihaltigem Was-

---

9   Anm. des Verlags: es ist nicht mehr nachzuvollziehen, welchem heutigen Ort dies entspricht.

ser besteht. Von allen Seiten führten Caribou- und Elchwechsel zu diesem pfuhlartigen großen Teich. Hier in der Nähe einen Ansitz von 2–3 Tagen zu beziehen, müsste allerlei Wild in Anblick bringen. Am Ende des Tages geht es in den Wald hinein, ein typischer nordischer Fichtenurwald. Die ältesten Stämme haben kaum ¼ Festmeter Inhalt, alle sind drehwüchsig und abholzig. Hunderte vom Wind geworfene, graue, eisenharte Stämme bedecken den schwarzen Boden, jeder Tritt muss von den Pferden genau überlegt und eingeteilt werden. Ein tiefes, vermoostes Sumpfloch wird überschritten. In aller Eile werden Stangen und Äste geschlagen und darübergelegt. Der kleine Knüppeldamm ist bald fertig. Die Pferdehufe finden Halt, willig und geschickt überschreitet die ganze Kolonne die schlechte Stelle. Voran geht immer Curlys alte, braune Dinky, dann folgt Werners dicke, faule Rose oder mein großer Prinz. Und nun folgen Bab, Perl, Silver, Paula usw. Sie haben inzwischen ihre Reihenfolge gefunden und halten sie fast stets ein. Nur wenn eine Stockung eintritt, ballt sich alles zusammen. Die jungen Pferde Dolly, Chicken und Nancy drängen seitwärts hinaus ins dichte Holz, und die Traglasten geraten in Gefahr, abgestreift zu werden. Die Spitze der Kolonne muss daher stets jeglichen Aufenthalt auf das kürzeste Maß beschränken, damit alles in Fluss bleibt. Auf diese Weise können die Hindernisse natürlich nur sehr oberflächlich weggeräumt werden. Man muss sehr oft absitzen, da das eisenharte, zähe Fichtengeäst Gefahr für den Reiter birgt. Sogar die Pferde verletzten sich an diesen dolchartigen Aststümpfen. Die Fohlenstute Blondy, deren Kleines stets brav mitläuft, hat sich einen spitzen Ast in die Brust gerannt, und nun eitert die Wunde stark.

Gegen 5 Uhr nachmittags kommen wir in das Tal des sagenhaften, ersehnten Prophet River, der milchiges Gletscherwasser führt. Wir durchschreiten ihn und lagern am anderen Ufer, gleich wieder von Schwärmen von Moskitos überfallen, die wir mit Räucherfeuern abzuhalten versuchen. Es regnet eine Stunde lang, gerade als wir die Zelte aufgeschlagen haben, aber dann scheint die Sonne wieder, die es bisher in diesem Lande so gut mit uns meinte. Ich lege mich eine Stunde hin und habe einen Traum von einem Goldberg, den ich fand.

Von unserem Lager aus können wir die Berge sehen, auf denen nach Curlys Angaben die stärksten Widder der Stone Schafe stehen sollen. Das Tal steht voller Wolfsfährten, und während ich dies niederschreibe, heulen sich am

gegenüberliegenden Berghang, dort wo Wald- und Felsenregion aneinander-
stoßen, zwei Rotten Timberwölfe an. Es donnert wieder und regnet. Werner
und Dörr kommen vom Fluss zurück und sind dort mit einer Rotte Wölfe
zusammengelaufen, von denen sie leicht zwei hätten schießen können. Aber
natürlich waren die Gewehre bei dem kleinen Gang im Zelt geblieben!

23. *AUGUST.* Wir bleiben am gleichen Platz. Ich gehe mit Curly und Eben den
Prophet River aufwärts an eine große Schwefellecke, zwei Stunden weit. Wir
bleiben 3 Stunden dort sitzen, sehen aber kein Wild. Sehr viele Moose- und
Wolfsfährten führen dorthin. Auf dem Rückweg höre ich einen Wolf heulen.
Curly läuft leider 100 Schritt voraus. An einem Windwurf holen wir ihn ein.
Jetzt hört er den Wolf auch, meint aber, er sei weit. Eben und ich sehen uns an;
denn wir wissen, dass er nahe ist. Laut heule ich den Wolf an. Da sehe ich von
links her durch das lichte Altholz einen riesigen, ganz weißen Altwolf vorbei-
traben. Ich reiße den Drilling herunter und muss auf etwa 80 m durch dichtes Geäst mit der Kugel schießen. Der Wolf wirft sich zurück. Gefehlt! Wenn
ich allein gewesen wäre, hätte ich ihn sicher erlegt; denn ich wäre vorsichtiger
und mit gespanntem Drilling herangepirscht. So war ich froh, den vor mir her-
laufenden Kanadier überhaupt eingeholt zu haben. Diese Leute kennen den
Begriff Pirsch überhaupt nicht. Sie haben irgendein Ziel, z.B. eine Natursalz-
lecke oder das Camp und rennen im Eilschritt dorthin. Unterwegs wird nicht
rechts und nicht links gesehen, aber alles Wild vertrampelt. Ob ich jemals im
Leben wieder einen ganz weißen Wolf, und dazu noch solch einen Riesen von
etwa 150 Pfund vor die Büchse bekommen werde, bezweifle ich stark. Wir treffen am Camp gleichzeitig mit Werner, Ted, Dörr ein. Werner hat einen 5-jäh-
rigen Blauschaf-Widder (Ovis stonei) erlegt. Wir haben nun endlich frisches
Wildpret im Lager. Das Haupt des Widders hat Werner auf Anraten seiner
Begleiter liegen lassen, da es ihnen zu schwach erschien.

Die Nacht über ruft ein Uhu, und die Wölfe heulen. Ich muss immer wieder
an den riesigen Weißwolf denken. Ach, wäre ich doch allein gewesen! Ich hätte
ruhiger geschossen und vor allem den Wolf schon früher gesehen. Mit dem vor
uns her stolpernden Curly war eine achtsame Pirsch, bei der alle Sinne gespannt
sein müssen, nicht möglich, und da er anscheinend nicht gut hört, musste ich
ihm erst begreiflich machen, dass das Geheul nicht weit, sondern nahe war.
Wäre dieser Disput nicht entstanden, so hätte ich den weißen Wolf schon mit

fertiger Büchse erwartet, als er die zum Schuss günstige Lücke im Altholz passierte, und sicher hätte ihn die Kugel umgeworfen. Man soll sich im fremden Lande überhaupt nicht blindlings den Ratschlägen der einheimischen, sogenannten großen Jäger anvertrauen. Jeder erfahrene deutsche Jäger, der schon seit seinen Knabenjahren dem Wild nachstellt, ist fast in allen Ländern den Einheimischen überlegen. Wenn man einmal Fährten, Farbe, Angewohnheiten des fremden Wildes kennengelernt hat – und das geht bei einem guten Jäger sehr schnell – hat man sicherlich mehr Erfolge als der Eingeborene, der stur nach seinem Kopf durch den Wald hastet. In Norwegen, Kleinasien, Russland, Rumänien und hier – überall war es dasselbe. Trotzdem beging ich den Fehler, mich auf der Range, dem Ausgangspunkt unserer Expedition, überreden zu lassen, die vorsorglich mitgeführten und speziell für nahes Zusammentreffen mit Wölfen gedachten Postenpatronen für die Schrotläufe des Drillings dort zu lassen, um das Gepäck zu erleichtern. Diese Postenpatronen vermisste ich gestern beim Ausrücken schon sehr und noch mehr beim Zusammenprallen mit dem weißen Wolf. Zwei Postenschüsse auf 40–50 Schritt auf einen Wolf bieten die große Chance, dass 2–3 der dicken Bleirosinen gut fassen, und das Raubwild liegt.

Wir waren gestern noch auf dem sogenannten Bedeaux Trail. Monsieur Bedeaux[10], ein Franzose, hatte sich vor einigen Jahren in den Kopf gesetzt, von Dawson Creek aus mit den Raupenschleppern einer französischen Firma nördlich zu gehen, das ganze Peace River Gebiet zu durchfahren, am Prophet River die Rocky Mountains zu überschreiten und den Pazifik im Gebiet von Telegraph Creek zu erreichen. Er blieb mit seinen sonst sehr guten Wagen, die schon in Asien und Afrika erprobt waren, bald in den unüberwindlichen Hindernissen der kanadischen Wildnis stecken, obschon Männer mit Äxten vorausgingen, einen Trail zu schlagen. Schließlich schmiss der Franzose die Fahrzeuge in einen Fluss und beendigte die Reise zu Pferde.

Selbst auf diese letzte Weise ist die Durchquerung stets mit unerhörten Schwierigkeiten verknüpft. Fortwährend wechseln die Hindernisse ab, mal Windwürfe und Sümpfe, mal Steilhänge und Flüsse, dann wieder dichtester Weiden- oder Fichtenbusch. Hier lernt man erst, was ein Pferd und ein Mann an Hindernissen und Widrigkeiten bezwingen können. Die Art und Weise der

---

10   Anm. des Verlags: hier ist vermutlich der Franzose Charles Bedaux gemeint.

Bepackung der Tragpferde ist eine Kunst für sich, die in diesem Falle wirklich von „Können" stammt. Im dichten Wald und wenn die Pferde nach nächtlicher Weide verdaut haben und die Hintergurte sich lockern, kommt es trotz Diamantknoten besonders bei jungen, unerfahrenen Pferden täglich vor, dass sich die Lasten verschieben und neu aufgeladen werden müssen. Lästig ist es dann, wenn sich halbwilde, scheue Pferde nicht fangen lassen wollen und mit dem ganzen verrutschten Gepäck prasselnd und krachend durch eine Dickung brechen. Schließlich keilen sie sich aber meist selbst fest, und man kann sie fangen. Vor allem heißt es, in jeder Lage Ruhe und Geduld zu bewahren. Eine solche Expedition ist stets eine sehr gute Probe und Übung für den Charakter jedes einzelnen Teilnehmers.

24. AUGUST. Vom Lager des weißen Wolfes geht es den Prophet aufwärts, meist durch alten Urwald. Drei große Steinlawinen und unzählige Windbrüche werden überschritten. Einmal müssen wir über den Pass eines steinigen Hills, weil der Prophet durch einen steilen Canyon (Klamm) rauscht. Der Trail ist nur mehr ein tief ausgetretener Elchwechsel. Als wir wieder ins Flusstal hinabsteigen, finden wir außer Elchfährten auch solche von Wildschafen. Ferner spürt sich ein Altwolf und ein geringer Grizzlybär.

Am Fuß eines großen, oben kahlen Berges machen wir das Camp hart am Fluss.

Nachdem die Zelte aufgeschlagen sind, gehe ich zurück und schieße unten im Flussbett meine Büchse ein auf 100 und 400 m. Währenddessen stehen auf der Schneide eines anderen Berges einige weibliche Schafe, mit dem Glas als Silhouetten gegen den Himmel zu erkennen. Sie lassen sich durch die Knallerei in keiner Weise stören, tun sich nachher sogar nieder und äugen zu uns herab. Auch nach Werners Beobachtungen bei der Erlegung seines Küchenwidders scheint das Wild in dieser Gegend noch ziemlich vertraut zu sein. Es sind in diesem ganzen riesigen Gebiet überhaupt nur 2 Schafe und 1 Caribou jemals erlegt worden, und zwar von 2 Jägern. Elche sind bisher ganz unbejagt geblieben, da die beiden Jäger schon starke Elche in Alaska erlegt hatten. Es wird also interessant sein, nach der Schafjagd festzustellen, was für Schaufeln die hiesigen Elche tragen. Auch auf den Typ der Caribous sind wir gespannt. Diejenigen, die wir bisher auf weiteste Distanzen sahen, waren nicht daraufhin anzusprechen, ob sie der Woodland- oder Osbornrasse angehörten.

Mit Befriedigung stellen wir fest, dass wir sowohl den Amerikaner als auch die 6 Flugzeugjäger überholt und abgehängt haben. Den Trail hat seit vielen Jahren kein weißer und kein roter Mann mehr betreten. Und unzählige Berge gibt es, besonders die im Westen sichtbaren, die noch keines Menschen Fuß erstiegen hat. Dort ist das unumschränkte Reich der Schneeziege und des Goldadlers.

Vielleicht wird in 50 oder 100 Jahren eine Eisenbahn oder eine Autostraße in dieses herrliche, wilde Paradies führen. Lärmendes menschliches Ungeziefer wird auch von diesen letzten noch unberührten Gebieten Besitz ergreifen und sie entweihen und verschandeln. Ich bin glücklich, in einer Zeit zu leben, in der überhaupt noch die Möglichkeit besteht, in jungfräuliche Teile dieses Planeten zu flüchten.

25. AUGUST. Es regnet fast den ganzen Tag. Wir legen einen Ruhetag ein, weil die Spitzen der Berge von Wolken umhüllt sind und man oben auf Schafe infolgedessen doch nichts ausrichten könnte. Gegen Abend klart es etwas auf. Der Ruhetag tut uns allen sehr gut; wir haben Zeit, uns am Fluss gehörig zu waschen und zu rasieren.

Weiter trägt zur Erhöhung des körperlichen Wohlbefindens ein von Jim gut zubereiteter Braten von Werners Widder bei, und die Stimmung kann nicht besser sein.

26. AUGUST. Auch heute regnet es noch in der Frühe. Der Prophet River ist so stark gestiegen, dass wir ihn mit dem Packzug zu unserem geplanten Zeltlager nicht überschreiten können. Die kanadische Mannschaft zieht mit den Äxten aus, einen Trail für den kommenden morgigen Ritt zu schlagen und kehrt nachmittags zurück.

Im Laufe der Tischunterhaltung stellt sich heraus, dass der Koch Jim im Weltkrieg bei Cambrais gefochten und dann 1919 bei der Besatzungsarmee gelegen hat, und zwar in.Overath bei Köln. Er erzählt folgendes: Sie seien damals in kleinen Gruppen zu 8–10 Mann auf dem Lande verteilt worden. Vorher habe ihr Captain ihnen eine Rede gehalten: Der Krieg sei nun vorbei, sie sollten sich anständig aufführen und vor allem nichts stehlen. Kurz darauf hätten sie mit dem Hauptmann ein großes Schloss ganz in der Nähe von Overath zwecks Belegung mit Truppen besichtigt. Bei dieser Gelegenheit hätten sie in einem großen Raum des Schlosses ein schönes, altes Bild gesehen. Da habe der Hauptmann, der eben noch seine Mannschaft so eindringlich ermahnt hatte, nichts zu stehlen, seinen Degen gezogen und mit ihm das Bild aus dem Rahmen geschnitten, es zusammengerollt und mitgenommen. – Das Schloss könnte Ehreshoven oder auch Auel gewesen sein, da ich sonst keine großen Schlösser bei Overath kenne.

Mittags entdeckte Eben ein Rudel von 8 Schafen auf dem runden, kahlen Berg neben uns. Es sind alles weibliche Stücke mit Lämmern. Die Farbe ist fast weiß.

Mir scheint, dass das hiesige Stone Schaf sehr stark in den nördlichen Dall- bzw. den Fanini Typ übergeht. Nach den Decken und Schnecken, die ich sah, ist es als sicher anzusehen, dass das eigentliche Bighornschaf, welches von Jasper aus südlich vorkommt, eine getrennte Species für sich darstellt, die von den nördlichen Schafen (Ovis stonei, Ovis fanini, Ovis dalli) durch eine schafleere Zone getrennt ist, die sich etwa vom Smoky River bis zum Peace River erstreckt. Nördlich dieser Zone kommen dann die anderen Schafarten von Süd nach Nord in folgender Reihenfolge vor: stonei, fanini, dalli, das heißt, sie werden nach Norden zu immer heller, bis sie schließlich im nördlichen Cassiar- und Yukongebiet ganz in die weiße dalli-Form übergehen. Jedenfalls ist die Schneckenform des eigentlichen Bighorn (Ovis canadensis) mehr kreisförmig bei dickerer Basis, während die Schnecken der drei nördlichen Schafe spiralförmig weiter ausladen, aber meist nicht ganz so stark im Umfang sind. Ich halte es für wahrscheinlich, dass sich die drei nördlichen Variationen untereinander vermischen, besonders das Stone- und das Fanini Schaf. Jedenfalls findet man ganz helle, blaue und schwarzsattlige Schafe an den Kopfgewässern des Prophet River und den benachbarten Gebieten, manchmal sogar in einem Rudel vereint.

Ein starker Wind hat den Regen verjagt. Ein Himmel, blauer als der des Mittelmeeres, spannt sich über uns. Die Luft ist rein wie Quellwasser. Man sitzt in Hemd und Hose vor dem Zelt. Keine Sorge drückt, keine Behörde, keine Post, kein Radio, keine Bahn, kein Auto, keine anderen Menschen ärgern uns. Wir haben Zeit, so viel Zeit! Jeder tut und lässt, was er will. Gibt es etwas Schöneres als solch ein Leben in der nördlichen Wildnis?

Am Spätnachmittag gehe ich mit Eben etwa 100 Schritt flussabwärts auf die große Kiesbank, auf der ich gestern Werner das Werfen mit der Spinnrute beibrachte. Wir wollten von dort aus die umliegenden Berge nach Schafen absuchen. Als wir am Rande der Kiesbank noch in den Jungfichten stehen und schwatzen, stößt mich Eben an und sagt: „Was kommt denn da auf der Kiesbank an?" Ich nehme das Glas an die Augen und sage: „Wolf!" Ganz gemächlich kommt im Schritt, von Zeit zu Zeit stehenbleibend und um sich äugend, ein hellgrauer, noch nicht ganz ausgewachsener Wolf, der aber schon sehr gut im Haar ist, auf uns zu. „Laufen Sie schnell gedeckt zum Zelt zurück und holen Sie die Büchse!", sagt Eben, und schon war ich weg. Als ich wieder bei Eben anlange, erzählt er mir, dass der Wolf durch den River geronnen sei, sich diesseits tüchtig geschüttelt habe und dann in die Zwergweiden gewechselt sei. Mit leider schlechtem Wind pirschen wir nach, bekommen den Wolf aber nicht mehr zu sehen. Auch ein längerer Ansitz auf einem Steilhang, von dem man das Flussbett gut übersehen konnte, bringt nichts mehr in Anblick. Wieder mal ein Pech, besser gesagt eine Dummheit; denn man soll in diesen Wolfs- und Bärengegenden beim kleinsten Gang stets das Gewehr bei sich führen. Auch die Hasenklage werde ich in Zukunft stets in der Tasche tragen; denn ich bin überzeugt, dass hier ebenso wie in Russland und Kleinasien der Wolf schon aus Neugier auf die Quäke zustehen wird. Das abermalige Pech mit einem Wolf, jenem Wild, das mich wohl von allen Wildarten am meisten reizt, ist schmerzlich. Da aber in diesem Tal augenscheinlich besonders viel Wölfe sind, habe ich Hoffnung, dass es ein andermal besser klappen wird. Alles Wild scheint hier am liebsten die Flusstäler auf und ab zu wechseln, besonders Elch und Wolf. Für den Elch erklärt sich das durch die Äsung. Im Flusstal wachsen die Weidenruten, die Hauptäsung der Elche. In den Bergen ist nur dichter Fichtenwald, der dem Elchwild nichts bietet. Wildschaf und Schneeziege bleiben natürlich meistens oben im Kahlgebirge. Auch das Caribou findet oben mehr Flechten als im Tal. Trotzdem fährten sich Schaf und Stein Caribou manchmal auch unten auf den Sandbänken, wenn sie von einem Gebirgszug zum anderen wandern. Der Grizzlybär kann überall zufällig angetroffen werden. Ihn zu erlegen, wird meistens eine Sache des Zufalls sein. Als Merkwürdigkeit ist zu vermerken, dass Curly heute ein Mule deer und ich mehrere Fährten dieser Wildart sahen; dass der Maultierhirsch so weit nördlich ins Hochgebirge geht, war selbst Curly unbekannt.

Am Abend brät mir Werner ein Stück seines Widders am Spieß in der Glut des offenen Lagerfeuers. Noch nie hat mir ein Stück Fleisch so saftig und gut geschmeckt. Gute Nacht!

In der weiten Bergwildnis der Caribou Range
wirkt unser Packzug wie Ameisen

Natürliche Schwefelsalz-Lecke, wird von allen Wildarten aufgesucht

Durch alten, dichtbestockten Weißfichten-
wald bahnt sich der Zug seinen Weg

Timberwolf-Gebiet am oberen Prophet River

Steinlawinen-Streifen, im Hintergrund typischer Schneeziegenberg

Eienr der Quellzuflüsse des Prophet River,
unsere Badestelle am Hauptlager

Das unbekannte Land, Quellgebiet des Prophet und des Moskwa Rivers. Hier schlugen wir unsere Zelte auf.

Landschaft im Quellgebiet des Prophet River

27. AUGUST. Eis auf dem Wasch- und Trinkwasser, dicker Schnee auf den hohen Bergen, blitzblauer Himmel und strahlender Sonnenschein! Wir reiten noch etwa 3 Stunden auf schmalem Elchwechsel, umgehen einen engen, unpassierbaren Cañon über eine steile Höhe im dichten Urwald, wobei wir uns wieder in die Schweife der Pferde hängen und hinaufziehen lassen, dann sind wir endlich auf der kleinen Hochebene, die Curly als Dauer- und Jagdlagerplatz ausersehen hat. Rings um uns erheben die Bergriesen ihre teils schneegekrönten Häupter. Alle Zelte werden aufgeschlagen. Um uns ist Schwarzfichtenwald und Hochmoor mit dichten, fast mannshohen Zwergbirken. Rechts und links teilen sich die Quellwasser des Prophet River und rauschen in starkem Gefälle über riesige, rundgeschliffene Felsblöcke. Außer Curly war noch kein Mensch in dieser Gegend. Alle umliegenden hohen Schneeberge hat noch keines Menschen Fuß betreten!

Ich gehe abends den einen Flussarm aufwärts, setze mich an einer Stelle an, wo ich weiten Blick von einem Hügel auf die Kies- und Sandbänke habe und hoffe auf vorbeischnürende Wölfe. Bald aber kommen die Pferde, Weide suchend, an. Ich gehe zum Lager zurück. Ted trifft auch bald ein und berichtet, er habe 17 Schafe und 5 Caribous gesehen, aber alles nicht jagdbare Stücke. Wir werden in den nächsten Tagen die starken Widder suchen müssen. Am Abend geht hinter den Bergen der Mond auf, und es entsteht in den weiten Hochtälern eine unwirkliche Märchenstimmung. Es wird empfindlich kalt, und der kleine Zeltofen wärmt die steifen und kalten Knochen.

Nun sind wir endlich am Ziel, im sagenhaften, unbekannten Gebiet der Quellflüsse des Prophet River! Jetzt kann die Jagd beginnen. Was werden uns die nächsten Wochen wohl bringen?

28. AUGUST. Bei blauem Himmel und heißer Sonne brechen Werner, Dörr, Curly, Ted, Eben und ich zu Fuß auf. Erst geht es die alte Trappline (Fallenlinie) von Curly durch den Timber (Fichtenurwald) aufwärts dem Nordarm der Quellwasser des Prophet entlang. Der reißende Wildbach wird auf einem gestürzten Stamm überschritten. Bald sind wir aus dem Wald heraus und mitten in einer riesigen, übermannshohen Dickung von Bergbirken. Auf tief ausgetretenen, alten Elchwechseln geht es leidlich gut vorwärts, und wir gelangen in ein meilenweites, offenes Hochtal. Auf seinem Grunde rauschen die kleinen Quellbäche. Saftige Weideflächen mit Herbstastern, Eisenhut, Rittersporn und Wicken bedecken die Sohle der Täler. Ringsum erheben sich die Berge, teils mit gelbgrünem, kurzem Gras bewachsen, teils aus nacktem Gestein bestehend. Wir trennen uns. Werner geht mit Dörr und Ted rechts, wo über ihm auf dem Grat eines rundköpfigen Berges ein Rudel Schafe, scheinbar Mutterwild und geringe Widder, sichtbar wird. Sie wollen den Berg umgehen und auf der anderen Seite nach starken Widdern suchen. Eben und ich mit Curly halten die Sohle des linken Hochtales an, und bald sehen wir die anderen nur mehr als kleine Punkte in weiter Ferne. Curly entdeckt auf dem Grat des rechts von uns liegenden Berges ein Caribou Tier mit Kalb. Mit hängenden Köpfen stehen beide auf einem Schneefleck und schlafen im Stehen. Ein Schneehuhn mit braunem Körper und weißen Schwingen zurrt auf und streicht mit lautem „Garr-Garr-Garr" davon. Bald taucht aus einer Schneeschmelzrinne ein Caribou Hirsch auf, mit anscheinend nicht schlechtem Geweih. Ohne ersichtlichen Grund wird er flüchtig und verschwindet über die Passhöhe. Wir pirschen nach, da Curly auf der anderen Seite Wildschafe vermutet. Der alte Trapper geht mit seinem lahmen Knie ein Höllentempo, so dass ich, ohne außer Atem zu geraten, nicht folgen kann. Ich bitte ihn, langsamer zu gehen und mache ihm klar, dass ich bei plötzlich auftauchendem Wild mit fliegendem Atem und schlagenden Pulsen nicht sicher schießen kann. Für kurze Zeit mäßigt er dann auch seine Gangart, aber bald ist er wieder 100 Schritt voraus. An der Passhöhe treffen wir jedoch gemeinsam ein. Ein weiter Blick in abgrundtiefe, blauschattige Täler und auf riesige Ketten schroffer, zum Teil schneebedeckter Bergketten öffnet sich uns. Überwältigend ist dieser Anblick einer gänzlich unbetretenen, wilden Gebirgswelt. Ich mache mehrere Aufnahmen mit meiner kleinen Ikarette, die mich schon auf so manchem Jagdzug begleitet hat. Bald entdecken wir mehrere einzelne Caribous, alles schwache, noch im Bast befindliche Hirsche. Um uns herum sind Hunderte von Murmeltierbauen, und überall pfeifen diese Tiere. Hoch über ihnen zieht ein Goldadler seine Kreise, ein Rötelfalke (Falco sparvarius) jagt auf Mäuse, von denen wir eine große rote verendet finden und für die zoologische Sammlung mitnehmen.

Über Geröllhalden steigen wir abwärts. Immer wieder wechselt die Szenerie und gewährt Einblicke in vorher nicht sichtbare Risse, Schrunden und Mulden. Neue einzelne Caribous tauchen auf, Mutterwild und junge Hirsche mit kurzen enggestellten Geweihen. Es ist der Typ des Woodland Caribous, das bedeutend schwächer im Geweih ist als das Osborn Caribou. Plötzlich sagt Eben: „Was steht dort oben auf der höchsten Spitze jenes Berges?" Unsere Gläser richten sich auf das silhouettenhaft sichtbare Wild, und wir erkennen sofort 2 starke Widder, einen sehr dunklen und einen fast weißen. Es ist über 2½ km bis zu dem ersehnten, endlich gefundenen Wild. Curly rät, eine steile Geröllhalde hinaufzusteigen, um jenseits des Grades vielleicht einen Riss zu finden, durch welchen wir uns gedeckt näher heranarbeiten können. Steil geht es ein Trümmerfeld von Felsbrocken aller Größen hinauf. Ganz lose liegt das Gestein. Jeder Tritt muss sorgfältig erwogen werden. Oft rutschen ganze Gesteinsmassen polternd in die Tiefe. Wir sind außer Sicht der Widder. Ich nehme die Spitze, da es möglich ist, dass die Widder ihren Standort wechseln und vielleicht oben auf der Berghalde sind, wenn wir den Grat erreicht haben. Alle 10 Schritte müssen wir halten bleiben und verschnaufen. Das Herz schlägt zum Zerspringen, und keuchend geht der Atem. Curly ermahnt mich oben am Grat, nur ja den Hut abzusetzen und ganz vorsichtig hinüberzulugen. Zollweise rutsche ich auf allen Vieren das letzte Stück herauf. Zwischen den Steinbrocken schiebe ich ganz vorsichtig den Kopf vor und überschaue die mit dunklem Schiefergestein von schwarzen Rissen durchzogene kleine Hochfläche. Da entsteigt einer jener tiefen Erosionsspalten urplötzlich ein mächtiger, dunkler Widder. Ich sehe durchs Glas sehr dicke, geschlossene Schnecken, schiebe die Büchse vor und flüstere Eben zu, mir den Rucksack und meine Wolljacke als Unterlage zu reichen. Breit zieht das mächtige Wild an mir vorüber. Die Büchse ist eingestochen, das Fadenkreuz sucht das Blatt. Jetzt verhofft der Widder einen Augenblick, und scharf peitscht der Schuss auf. Ich sehe hinter dem Widder Gestein aufstäuben. Ohne jedes Schusszeichen flüchtet das schwere Wild die Halde hinauf. Schon habe ich die neue Patrone im Lauf, wieder sucht das Fadenkreuz des Fernrohres sein Ziel. Da werden die Fluchten kürzer und steifer, und nun kracht der Widder zusammen, ehe noch der zweite Schuss den Lauf der Brenneckebüchse (7×64) verließ. Einmal schlägt noch das schwerbewehrte Haupt, dann ist es aus.

Curly und Eben hatten hinter mir alles miterleben können, und in der Meinung, einen der beiden vorher gesehenen Widder erlegt zu haben, reiche ich Eben meine Büchse und bitte ihn, den zweiten zu schießen, der meiner Meinung nach jeden Augenblick auftauchen kann. Aber die Szene bleibt leer, und als wir vorsichtig nach links über den Grat lugen, sehen wir die beiden zuerst gesehenen Widder noch auf der Spitze desselben Berges stehen, auf dem wir sie zuerst gefunden hatten. Spitz auf uns zu stehen sie und äugen scharf herüber. Ein weites, muldenartiges, deckungsloses Tal trennt uns von den scheuen, so außerordentlich scharf äugenden Widdern. Durch mein ausziehbares 29fach vergrößerndes Buschteleskop können wir erkennen, dass beide starke Widder sind. Aber der weiße ist der stärkere, er hat jenen viel begehrten zweiten Schwung nach außen in den Schnecken, der für Ovis fanini und Ovis dalli bei den starken Stücken charakteristisch ist. Wir beratschlagen, was zu machen ist. Es besteht keine andere Möglichkeit, als kriechend den steilen Geröllabfall in Sicht der Widder wieder nach unten zurückzulegen, dann in einer anderen Mulde wieder hinauf bis an den Standort der Widder zu klettern. Wenn mir auch Knie und Muskeln fast versagen, wenn mir auch eine talergroße, offene Blase an der linken Ferse zu schaffen macht und das rechte, in den Karpaten gebrochene Bein schmerzt – es gibt kein Zaudern. Auf halbem Wege zieht hundert Schritt unter uns ein Caribou mit Kalb auf eine Schneefläche. Schnell mache ich eine Aufnahme. Teilnahmslos sieht uns dieses Wild, das vielleicht noch nie einen Menschen eräugte, zu. Wir treten Steine und Schotter ab. Es poltert in der Tiefe.

Curly sagt mir, wir sollten abbrechen und morgen die Widder angehen. Aber davon will ich nichts wissen. Man muss die Feste feiern, wie sie fallen. Dann soll ich allein weiterpirschen, meint der alte Trapper, um weniger Geräusch zu machen. Das ist mir sehr recht. Endlich bin ich wieder durch den Felsgrat gedeckt. Auf Händen und Füßen geht es wieder den Absturz hinauf. Was macht es, wenn die Handflächen bluten und die Kräfte fast versagen. Den weißen Kapitalen muss ich haben oder ich bin kein Jäger. Nach einer Stunde ist es geschafft.

Zwischen den rostigen Felsklippen schiebe ich mich auf den Grat. Vor mir liegt, sanft abfallend, die grasbewachsene Bergspitze. Da sehe ich aus einer kleinen Vertiefung die Schnecken und das weiße Haupt eines starken Widders herausragen. Er ist niedergetan und äugt von mir weg. Es scheint der starke, weiße Widder zu sein. Liegend, auf den Ellenbogen aufgestützt, gehe ich in Anschlag und pfeife den 120 m entfernt sitzenden Widder an. Er rührt sich nicht. „Steh auf und zeige mir Dein Blatt", rufe ich ihm zu. Keine Bewegung des aus der Mulde herausragenden weißen Hauptes. Durchs 6fache Zeiss-Zielfernrohr meiner Brenneckebüchse sehe ich das Genick des Widders zwischen den mächtigen Schnecken ganz deutlich. Näher heranzukriechen, um ein Stück des Körpers freizubekommen, erscheint mir zu gefährlich. Das scheue Wild könnte mich bemerken, aus dem Bett hochwerden und mit einer Flucht hinter dem jenseitigen Abhang verschwinden. So entschließe ich mich zum Genickschuss auf 120 m. Im Knall ist zunächst nichts mehr zu sehen, aber fast in der gleichen Sekunde flüchtet der kapitale weiße Widder quer an mir vorbei und stürzt sich mit riesigen, 10–15 m klafternden Fluchten auf etwa 130 m links neben mir denselben steilen Felsabsturz hinunter, den ich soeben mit Aufbietung der letzten Muskelkräfte heraufgeklettert war. Ich repetiere eine neue Patrone in den Lauf, und als der Widder die Schneid eines Grates in langen Fluchten bergab stürmt, fasst ihn das Korn der Büchse vorn am Blatt an, der Schuss peitscht auf und, sich 10–12 Mal überschlagend, schießt das urige Wild in die Tiefe. Auf einer Schotterhalde bleibt der Widder reglos liegen. Tief atme ich auf in unbeschreiblichem Triumphgefühl. Langsam gehe ich auf die Spitze des Berges, um Curly und Eben zu winken. Da schweift mein Blick nach rechts, und ich sehe in jener kleinen Mulde den zuerst beschossenen Widder, den ich wegen seines weißen Hauptes für den starken gehalten hatte, liegen. Er schlegelt noch schwach mit den Läufen. Eine Fangkugel aufs Blatt streckt ihn aus. Ich trete an ihn heran. Auch er ist ein außerordentlich starker, uralter Widder. Die erste Kugel saß, wie beabsichtigt, genau zwischen den Schnecken und war am Nasenbein ausgetreten.

Inzwischen war Curly herangekommen. Ich zeige ihm erst den dunklen und dann vom Grat aus unten den weißen Widder. Den sieht er sich genau durchs Glas an, und als er die kapitalen, weit ausgeschwungenen Schnecken gut angesprochen hat, schüttelt er mir die Hand, und ich umarme in unsäglicher Freude den zähen, braun gebrannten, alten Trapper. Drei kapitale Widder auf einer Pirsch! Wem mag schon solches Waidmannsheil beschieden worden sein?

Der erste, einzelne, war in der Deckenfarbe ein blauschwarzes Stone Schaf mit hellem Haupt, aber seine Schnecken zeigten den Typ eines starken Bighorn Schafes (Ovis canadensis). Sie waren unheimlich massiv und die Spitzen abgekämpft. Der zweite war ein typischer Ovis stonei mit blaugrauem Hals, fast weißem Kopf und schwarzweißen Läufen. Aber der dritte gehörte zum ausgesprochenen Fanini Typ, ja, er war sogar so hell, fast ganz weiß, dass man ihn für einen Ovis dalli hätte halten können. Auch seine Schnecken hatten helle Farbe und zeigten den Schwung nach außen in der zweiten Umdrehung, wie ihn die nördlichen Schafe haben, die seltener als die Bighorns sind und vor allem in viel unzugänglicheren Gegenden ihren Stand haben. Alle drei waren uralt und wären nach Curlys Ansicht sicher im Winter entweder verendet oder den Wölfen zum Opfer gefallen. Sie hatten nur mehr wenige Reste von Zähnen sowohl im Oberkiefer als auch im Unterkiefer.

Gute Wirkung hatte die Brennecke-Patrone 7×64 mit 3,85 g Rottw. Spez.-Pulver und dem Torpedo-Idealgeschoss mit Scharfrand, Bleispitze und Messingstift geleistet.

Sie geht unter dem Namen „Brennecke Spezialpatrone für Hochwild". Auch der bekannte Tibet Forscher Ernst Schaefer hat sie mit bestem Erfolg auf schwerstes, mittelasiatisches Wild geschossen, wie er mir erzählte.

Die Büchse selbst war von der Meisterhand Robert Schülers aus Köln geschäftet und eingeschossen. Sie war ein für mich gänzlich unverdientes Geschenk meiner Kreisjägermeister und Gaujagdräte, und es freut mich besonders, sie auf dieser meiner bisher anstrengendsten und erfolgreichsten Pirsch geführt zu haben. Gilt doch für die Großwildjäger der Welt die Erlegung eines starken Wildschafwidders, sei es nun ein amerikanischer aus den Rocky Mountains oder ein Argali aus Zentralasien als die Krone aller Jagd.

Nachdem die Widder fotografiert waren, wurden die schweren Häupter abgetrennt und die Decken abgeschärft. Den einen ließen wir liegen, um ihn mit dem Wildpret an einem der nächsten Tage zu holen, nicht ohne dass ich vorher mein Taschentuch gegen die Wölfe an die Schnecken gebunden hatte.

Inzwischen war es ½ 8 Uhr abends geworden. Im Osten zogen schwarze Wolken auf und verhüllten die schneebedeckten Berge. Es wurde die höchste Zeit, den Rückmarsch anzutreten. Ich war so erledigt von aller Kletterei, dass ich den Transport der schweren Häupter und der Rucksäcke Eben und Curly überlassen musste. Im Geschwindschritt liefen wir die Berge hinunter. In einem Wasserriss stießen wir mit einem Porcupine (Baumstachler) zusammen. Das Stachelschwein war ganz vertraut und ließ sich auf 2 m Entfernung von Eben fotografieren. Es hatte die Größe eines starken Dachses und unbeholfene Bewegungen.

Als wir nach 1½ Stunden die Regionen der Zwergbirken erreicht hatten, war es schon fast finster geworden, und es regnete in Strömen. Wir verfehlten den abwärts führenden Elchwechsel und mussten wohl oder übel mitten durch die endlose, übermannshohe, klatschnasse Bergbirkendickung hindurch. Durch ein Latschenfeld in den Alpen zu gehen ist ein Genuss gegenüber einem Marsch durch Zwergbirken und Balsamtannendickung. Endlich kamen wir unten am Wildbach an. Wir versuchten schon gar nicht mehr, Steine oder gestürzte Bäume zu finden, um über sie hinweg zu turnen. Dafür war es auch schon zu dunkel, und ein Gefühl völliger Gleichgültigkeit gegen Nässe und Hindernisse hatte uns befallen. Bis an den Bauch wateten wir durch das reißende Wasser und erreichten endlich den Wald. Dort war es natürlich noch dunkler. Wir stürzten in Löcher, über Windbrüche, Wurzeln und Steine, aber immer noch trugen uns die Beine. Einmal fanden wir Curlys alten, vor Jahren angelegten Trapper-Trail, aber bald hatten wir ihn in der Finsternis wieder verloren und mussten uns mit den letzten Kräften durch den Urwald zwängen. Nach weiteren 2 Stunden roch ich das Lagerfeuer. Nie hat mir eine Rose so lieblich geduftet wie dieser Rauch. Und urplötzlich standen wir dann am glimmenden Feuer von Clydes Zelt. Alles schlief schon, man hatte geglaubt, wir würden draußen irgendwo kampieren. Bis auf die Haut triefend nass ging ich in Werners und mein Zelt und riss zunächst mal die kalten, nassen und zerfetzten Kleider vom Leibe. „Ich habe drei starke Widder geschossen!" Mehr brachte ich zunächst nicht heraus. Werner, der auch erst vor kurzem von leider resultatloser Pirsch zurückgekehrt war (er hatte allerdings geringe Wildschafe auf kürzeste Entfernung meisterhaft angepirscht und fotografiert), nahm sich meiner an und brachte mir eine warme Suppe. Kurz konnte ich noch den Hergang der Jagd erzählen. Der gute, so selbstlose Werner strahlte übers ganze Gesicht über mein unerhörtes Waidmannsheil, dann rollte ich mich in den Schlafsack und verfiel in einen Dämmerzustand, in welchem ich immer wieder die Vision des in irrsinniger Flucht sich überschlagenden weißen Kapitalwidders hatte. 15, 12 und 12 Jahre alt schätzte ich nach den Hornjahresringen meine drei Hauptschafe. Die Ausmessungen ergaben folgende Resultate: Der zuerst erlegte Widder des Stone-Typs hatte einen erheblich stärkeren Schneckenumfang an der Basis als der bisherige Weltrekord des Mr. Chadwick, während dieser meinen Widder in der Länge und Auslage schlug. Der zweite, ebenfalls Stone-Typ, war kein Rekord, aber immerhin befand er sich unter den 20 Besten, die bekannt geworden sind. Und der dritte, der fast weiße, schlug in allen Maßen die aus der Literatur bekannten Ovis fanini-Widder.

Es sind also kapitale Trophäen, und die Jagd war unbeschreiblich schön, aber das Anstrengendste, was ich bisher erlebte. Mit diesem Gedanken, die das Glück des Jägers sind, schlief ich endlich ein.

29. August. Vollkommen steif in den Beinen erwache ich. Es regnet. Werner ist schon dabei, mit seinen geschickten Händen die beiden Köpfe zu präparieren und zu salzen. Curly, Ted und ich helfen. Hätte Werner nicht vor unserer Ausreise bei Max Hinsche, dem langjährigen Trapper, Kanadajäger und Präparator, das Auslösen der Windfänge und Lauscher so gut gelernt, so würde ich schlecht präparierbare Trophäen mit nach Hause bringen. Am Nachmittag erhole ich mich beim Tagebuchschreiben.

30. August. Es regnet noch und dicke Wolken hängen tief in den Tälern. Wir bleiben alle im Lager. Auch das oben in den Bergen gegen den Moskwa River zu liegende Wildpret und das Haupt des dritten Widders werden noch nicht geholt. Curly will besseres Wetter abwarten. Mittags klart es etwas auf, und wir veranstalten für alle 6 Mann unseres Outfits ein Preisschießen mit meiner 6-mm-Kleinkaliber-Walther-Büchse. Werner zeichnet meisterhaft einen kapitalen Widder inmitten großartiger Bergszenerie. Auf seinem Blatt die Ringscheibe. Ich stifte als Preise 6 gute deutsche, mehrklingige Solinger Jagdmesser. Den ersten Preis erringt Jim, der Koch. Jeder erhält ein solches Andenken, was den Leuten sichtlich Freude macht. Abends geht Werner mit Ted und Dörr den River aufwärts. Sie sehen ein Elchtier und ein Deer. Ich bummele mit Eben den Creek abwärts zum Fluss, mache einige Fotos der wilden Bergwässer und reize dann mit der Hasenklage auf Wölfe. Aber außer einem Squirrel (rotes Eichhörnchen) zeigt sich nichts. Auf dem Heimweg fährten wir auf unserem Anmarschtrail frisch einen Wolf. Er muss zwischen 11 Uhr und 3 Uhr nachmittags auf 50 Schritt am Lager gewesen sein. Aber in den hohen Buckbrush (Zwergbirken) wäre er doch nicht zu sehen gewesen. Das Wetter ist wieder klar geworden.

31. August. Werner zieht mit Curly und Clyde an die South Fork (Südgabel) des Rivers. Sie nehmen 6 Pferde und ein Halbzelt mit und wollen dort oben in einem Gebiet jagen, welches scheinbar Curlys größter Trumpf ist. Er erzählt geheimnisvoll von einem riesigen, alten Grizzly mit hellem Silberstreifen über dem Rücken, den er dort vor zwei Jahren gesehen hat, von einem uralten kapitalen Schneeziegenbock und von ganz starken Widdern. Wie lange sie dort bleiben, wissen sie selber noch nicht. Wir halten beide Daumen, dass ein großer Erfolg eintreten möge.

Die Blase an meiner linken Ferse – eine kleine Erinnerung an meine große Widderpirsch – verhindert mich, heute schon zum Wildpret der drei Böcke hinaufzupirschen, um vielleicht dort einen Bären oder Wolf anzutreffen. Diese Pirsch wird daher auf morgen verschoben, und Dörr, Ted, Eben und ich gehen über den Creek und den Prophet abwärts, wo wir uns am großen Canyon ansetzen. Unterwegs hatten wir schon auf dem Kamme des links liegenden Berges einen mittleren Widder gesehen. Einem Wildschafwechsel folgend, finden wir weitere frische Schaf-Fährten, und bald tauchen 100 m neben uns auf der oberen Kante der Klamm zwei etwa 5–6-jährige Widder des Stone Typs auf.

Wir sitzen voll im schlechten Wind, unterhalten und bewegen uns. Die Widder äugen uns interessiert an, ziehen aber dann vertraut bis auf den Kamm der Schlucht, so dass ich zwei Aufnahmen machen kann, als sie sich klar gegen den Himmel abheben. Dann steigen sie hinab in den kühlen, dunklen Abgrund, auf dessen Sohle der wilde Fluss in schäumenden, sprühenden Kaskaden über die rund abgeschliffenen Felsen rauscht. Nach einer Weile pirschen wir nach, um vielleicht eine noch bessere Aufnahme machen zu können. Auf dem Bauch rutschen wir bis an den äußersten Rand der senkrecht abfallenden, aus morschem Schieferstein bestehenden Wand und sehen tief unten, nahe am Sprühregen der Wasserfälle, auf einem kleinen Felsvorsprung den einen Widder sitzen. Wie er es fertigbrachte, dort hinunterzusteigen ohne abzustürzen, ist uns unbeholfenen Menschen ein Rätsel. Wir werfen Steine hinab, um ihn zu veranlassen, aufzustehen und einen Zwangswechsel anzunehmen, wo ich ihn fotografieren könnte. Er erhebt sich auch aus dem Bett, äugt interessiert nach oben und stellt sich unter einer überhängenden Felswand ein, weil er die fallenden Steine für den üblichen Steinschlag hält und sich schützen will. Von dort ist er nicht fortzubewegen. Senkrecht nach unten mache ich, am äußersten Rand der grausigen Tiefe liegend, eine Aufnahme, bei der Eben und Dörr mich an den Beinen festhalten. Viel wird allerdings bei meiner kleinen Bildgröße und dem schwachen Objektiv auf dem Bilde nicht zu sehen sein.

Wir sitzen noch einige Stunden oben auf dem Felsen und schauen aus nach Elch, Deer und Wölfen. Wie Silberbänder gleißen unten im Tale jenseits der Klamm die Arme des wilden Flusses zwischen Kiesbänken, Weidendickungen und Fichtenwäldern. Von Wasser unterspülte und fortgerissene Stämme liegen, silbergrau gebleicht, überall umher und recken ihr wirres Wurzelwerk in das glitzernde Sonnenlicht. Ringsumher erstrecken sich in Wellenlinien und in scharfkantigen Profilen einsame, schweigende Bergrücken, immer aufs neue sich überschneidend und von ziehenden Wolkenschatten im steten Wechsel verdunkelt und wieder vom Lichte leuchtend erhellt. In wochenweitem Umkreis sind wir die einzigen Menschen. Das meiste hier lebende Wild hat wohl noch nie einen unserer Gattung erblickt und seine Heimtücke erfahren. Ein paradiesischer Friede herrscht zwischen Tier und Mensch. Nur das große Raubwild, insbesondere der Wolf und die harten, unerbittlichen Naturgewalten der Kälte und des Schnees sind die auslesenden Mächte. Welch ein Unterschied zwischen dieser großen, unverdorbenen Weite und den erstickenden, grauen, wimmelnden Engen, die wir Menschen Großstädte nennen!

Auf dem Rückwege finden wir Wechsel und Baue der großen Packratten, eine herrliche, rotbrüstige Drossel fliegt auf, und über den Fluss schaukelt eine braungraue, mir unbekannte Möwe.

1. September. Gestern Abend spät hatte ich mir die talergroße Blase an der Ferse aufgemacht, die Haut abgeschnitten und einen Verband angelegt. Heute Morgen ziehe ich mir die indianischen Mokassins und 2 Paar Strümpfe an. So kann ich einigermaßen laufen. Um zum Wildpret der 3 Widder zu gelangen, braucht man aber 5½ Stunden durch unwegsames Gelände. Deshalb lasse ich mir Jims alten Schimmel Micky satteln und reite einen Teil des Weges bis zum Pass des Hochtales. Dörr, Eben und Ted gehen mit und die Pferde Powderhorn, Mother und Nancy. Unterwegs sehen wir mehrere Rudel Caribous mit geringen Hirschen. Eine alte Cariboudame mit Kalb macht neugierig auf Schussentfernung einen Bogen um uns, um auf unsere Fährte zu kommen. Als sie mit tiefer Nase die Witterung hat, geht sie mit steil hochgestelltem Wedel schnaubend und prustend ab. Auf einem Kamm sitzt gegen den Himmel ein guter Wildren-Hirsch. Er hat mir aber zu wenig Enden in den Kronen, und ich lasse ihn in Frieden. Mehrere Murmeltiere mit buschigen Schwänzen rennen, melodisch pfeifend, zu ihren Bauen. Sie machen den Eindruck eines Zobels oder eines kleinen Vielfraßes. Es ist eine andere, größere Art als unsere Alpenmurmel.

Von den Bergen her, auf denen meine Widder liegen, kommen die Adler angestrichen. Sie sind augenscheinlich schon gesättigt.

Am Pass bleibt Dörr mit den Pferden zurück. Eben, Ted und ich pirschen vorsichtig zum ersten Widder. Von ferne sehe ich mit dem Glas, dass er nur wenig, anscheinend von Adlern und Kolkraben, angenommen ist. Für Wolf und Bär liegt das Wildpret scheinbar doch zu hoch. Dieses Raubwild steckt jetzt mehr in der Wald- und Zwergbirkenzone. Nach einer weiteren Stunde bin ich mit Eben am zweiten Widder, während Ted das Wildpret des ersten zerwirkt und herunter zu den Pferden trägt.

Auch dieser Widder ist nur von Adlern angenommen. In diesen Hochbergen gibt es sehr viele Adler, und zwar eine Art, die sich von unserem Stein- bzw. Goldadler nur durch etwas gesteigerte Größe unterscheidet. Die kanadische Regierung zahlt Prämien für die erlegten Adler, weil sie angeblich viele Wildschaflämmer schlagen. Ich möchte indes glauben, dass sie sich hauptsächlich von Murmeltieren, Schneehühnern, Schneeschuhkaninchen und Packratten ernähren. Jedenfalls halte ich es für ausgeschlossen, dass die Adler dem Wildstand nennenswerten Schaden zufügen, ebenso wenig wie jedes andere Raubwild. Immerhin möchte ich gerne ein Exemplar dieser zahlreichen Adler schießen, um es wissenschaftlichen Zwecken in Deutschland zuzuführen. Vorsichtig pirsche ich daher zum Wildpret des letzten, des weißen Widders. Als ich über den Grat luge, sehe ich unten in der Tiefe auf 200 m einen vollgekröpften starken Adler neben dem weißen Widder sitzen. Ich setze das Fernrohr auf die Brenneckebüchse, schieße mit aller Vorsicht über den Grat, und im sorgfältig gezielten Schuss rollt der Adler den Steilhang hinunter. Bald kommt er aber wieder auf die Fänge und verschwindet hüpfend in der Tiefe eines schwarzen Kamines. Eben, der gerade mit dem Auslösen des Wildprets am zweiten Widder fertig geworden ist, kommt heran, springt mit langen Sätzen den Steilhang hinunter und steigt in den Kamin dem geflügelten Adler nach. Sehr weit muss er nachrennen, aber schließlich trifft den Adler ein wohlgezielter Steinwurf. Er wirft sich in Verteidigungsstellung auf den Rücken. Es bleibt Eben nichts anderes übrig, als ihn abzunicken, um sich vor den gewaltigen Fängen zu schützen. Wir machen einige Aufnahmen, lösen den schweren Kern des Adlers aus, und der muskulöse Eben nimmt sich das Widderhaupt, das Wildpret und den Adler, ein Gewicht von über 50 Pfund, auf seinen indianischen Stirntragriemen. Er duldet nicht, dass ich mehr trage als die Ferngläser und die Büchse.

Im Wildschafgebiet.
Wir finden mit Jagdglas und Teleskop bei diesiger Luft
zwei starke Widder auf der Spitze eines Berges

Meine erste Beute, ein kapitaler Stone Widder

Fast kreisrund schließen sich die Schnecken des gewaltigen alten Kämpen

Der zweite Widder gehört ebenfalls der Stone-Art an

Weit schwingen sich die Schnecken des alten Widders nach außen

Der zweite aus der Doublette, ein kapitaler Fanini Widder

Mein zweites Jagdpferd im Caribou-Gebiet

Eben-Ebenau mit Goldadler am Erlegungsplatz der drei Widder

Als wir nach 1½ Stunden den Pass erreichen, sehen wir in dem großen Kessel auf der Moskwaseite ein Rudel Caribous von 8 Stück, darunter zwei Hirsche. Der eine hat ein vielendiges, aber kurzes Geweih, ist noch im Bast und hat keine weiße Mähne. Der andere dagegen trägt ein sehr hohes Geweih mit genügenden Enden im oberen Teil und ist sehr stark im Wildpret mit schöner, weißer Halskrause. Er scheint auch gefegt zu haben, jedenfalls ist er voll vereckt in den oberen Enden. Es ist weitaus der beste Hirsch, den wir bisher gesehen haben, und ich entschließe mich, ihn zu erlegen. Inzwischen hat uns aber das Rudel eräugt und trollt durch die Sohle des Kessels ab. Ich springe vor bis an die Nase, finde aber dort keine passende Auflage und muss sitzend, auf Knie und Ellbogen gestützt, auf 400 m schießen. Im Knall tut sich der Hirsch vom Rudel ab, macht einige kranke Fluchten und bleibt stehen. Der zweite, dritte und vierte Schuss ergeben jedes Mal Kugelschlag, aber kein Schusszeichen mehr. Kurz vor dem beabsichtigten 5. Schuss bricht der Hirsch zusammen und ist verendet. Während ich in den Kessel hinabsteige, geht Eben jenseits des Tales die Pferde holen, welche wegen der dauernden Schneeschauer dort in einem tiefen, trockenen Rinnsal unter Wind stehen. Als ich beim Hirsch bin, sehe ich, dass er noch Bast auf hat, aber derselbe hängt an verschiedenen Teilen des Geweihes schon in Fetzen herunter und lässt sich mühelos abziehen. Alle 27 Enden des guten, etwas enggestellten Geweihes sind vollständig bis in die äußersten Spitzen fertig verreckt, dolchscharf und hart. Es wird also nur einer kleinen Fegerei in den Weidensträuchern bedürfen, um das Geweih ganz in Ordnung zu bringen. Geradezu imposant ist der riesige Wildkörper, der schwerer als der eines Karpatenhirsches sein dürfte, und die mächtigen Schalen sind fast so stark wie die eines Elches, nur mehr in die Breite gehend und mehr zwängend als die schlanken Mooseschalen. Die Läufe des kanadischen Schalenwildes sind beim Caribou und Wildschaf braunweiß gezeichnet, ich glaube aus Gründen der Mimikry.

Ted kommt heran und ist etwas verstimmt, dass er bei der Erlegung nicht dabei war.

Er versucht, den Hirsch schlechter zu machen als er ist, aber diese kleine, primitiv menschliche Eigenschaft ist mir auch von den Karpaten her eine bekannte Erscheinung. Mir jedenfalls genügt dieser ungerade 28-Ender als erster Caribou Hirsch vollkommen, und sicher ist, dass er der stärkste war von allen Hirschen, die wir in den bisher bejagten Hochtälern sahen. Er hatte übrigens alle 4 Kugeln, eine Tiefblatt, zwei auf den Rippen durch die Lungen und eine weidwund mit

Zertrümmerung des Beckens. Zwei waren durchgegangen, die anderen Steckschüsse mit großer innerer Zerstörung. Die Zähigkeit dieses Stückes ist bemerkenswert und ist wohl darauf zurückzuführen, dass der Hirsch auf dem Wendepunkt zwischen Feist- und Brunftzeit stand und so bei vollster Kraft war. Er hatte eine handdicke Schicht Feist über dem ganzen Rücken. Wir lösten das ganze Wildpret aus, verschnürten es mit dem Haupt und dem Widderkopf auf den Pferden, und eiligst ging es zum Lager zurück, wo wir diesmal glücklicherweise noch vor Eintritt der Dunkelheit eintrafen. Meiner Fußwunde ist die heutige Kletterei in den Mokassins gut bekommen, es bildet sich schon eine neue Haut.

2. SEPTEMBER. Der Tag bringt Regenschauer. Wir bleiben im Camp und haben viel Arbeit mit dem Präparieren des Adlers, des Widderkopfes und des Skalpes des Caribou Hirsches. Das Geweih wird mit Weiden-, Fichten- und Pappelästen fertig gefegt, wie es der Hirsch in diesen Tagen selbst getan hätte. Das Haupt mit Geweih und Halsdecke (die Kanadier nennen sie Cape, die Indianer Skalp) wiegt 40 Pfund. Nachdem Decke, Unterkiefer, Wildpret abgelöst sind, wiegt das Geweih mit ganzem, sauberem Oberkiefer genau 18 Pfund. Auf jeden Fall bin ich mit diesem ersten Caribou Hirsch sehr zufrieden. Bei der gemeinsamen Arbeit wird viel erzählt. Die beiden Deutschen, die vor 10 Jahren ausgewandert sind, wollen viel aus der alten Heimat erfahren. Sie erzählen auch manches aus ihrem Lebensschicksal, von den ersten Anfängen als Fensterputzer, Friseur und Gärtner in großen Städten, von der Arbeit bei Farmern in der großen Weizenprärie, von den Lumber Camps (Holzfällerlager) in den Wäldern des Ostens, von der Goldwäscherei an den zum Pazifischen Ozean abwässernden Flüssen bis zum endlichen Ankauf einer eigenen Homestead in der Wildnis des Westens und dem dauernden harten Krieg gegen den Wald, von seinem Abbrennen und mühseligen Roden, vom Bau des ersten Holzhauses und vom ständigen Kampf ums Dasein. In diesem Lande wird dem Greenhorn nichts geschenkt, jeder Cent wird mühsam erworben, keine Unbill bleibt dem Neuling erspart. Name, Empfehlung, Zeugnisse – lächerliche Dinge aus dem Old-Country – sie gelten hier nichts. Einzig und allein die Arbeitsleistung entscheidet. Und die Arbeit hält hier die Auslese. Wer sich vor irgendeiner Tätigkeit, und sei sie ihm noch so widerwärtig, scheut, wer kein Geschick hat, alle Schwierigkeiten des Lebens zu meistern, alles zu lernen und schließlich auch alles zu können, der geht unweigerlich unter, zumindest bringt er es zu nichts. Die alten Erfahrenen

des Landes wissen auch sehr bald den Charakter des Fremden zu beurteilen. Nicht nur die Fähigkeiten, sondern auch die Anständigkeit und Sauberkeit im Denken und Handeln bestimmen das Schicksal. Unehrlichkeit, Großsprechertum, Unbeherrschtheit sind verachtet. So mancher aufgeblasene, allesbesserwissende Jüngling müsste mal 2–3 Jahre durch die harte, nordamerikanische oder kanadische Schule gehen! Was uns Deutsche im Ausland stets in der Geschichte so unbeliebt gemacht hat, ist das schnoddrige Besserwissenwollen und der häufig ungezogene, flegelhafte Ton. Wir sollten endlich doch einmal lernen, auch andere Meinungen und Ansichten gelten zu lassen, selbst wenn wir noch so sehr von der Richtigkeit unserer eigenen gegenteiligen Ansicht überzeugt sind. Vorlautes Wesen ist selbst nicht im kleinen Kreise, noch weniger in der Politik eine angenehme Musik für andere Ohren. Unser Fleiß, unsere Organisation, unsere Tüchtigkeit sind in der ganzen Welt anerkannt. Würde noch die Schweigsamkeit und ein gewisses, schwer definierbares Taktgefühl hinzukommen, das durchaus mit Energie und Zähigkeit vereinbar ist, so würden wir 1914 und auch heute mehr Freunde in der Welt gehabt haben.

Wenn man die Deutschen, die hier als kleine Farmer, Trapper und Jäger unter dürftigen Verhältnissen und Verzicht auf fast allen Komfort leben, fragt, ob sie nicht lieber wieder zurück in die alte Heimat wollen, so erhält man durchweg folgende Antwort: „Nein!" „Wir leben hier für europäische Begriffe ärmlich, fast ohne bares Geld. Aber wir haben unsere Freiheit! Wir können tun und lassen, was wir wollen, keiner fragt danach, solange wir die Gesetze des Landes respektieren. Uns ärgern keine Behörden, keine Schreibereien vergällen uns das Dasein. Um uns ist die unendliche Weite. Der Wald und ein wenig urbares Ackerland geben uns zu leben. Nein, so sehr wir unser altes Vaterland lieben, wir kehren nicht mehr zurück in die Enge der lärmenden Städte, wo die Menschen aufeinandersitzen wie die Heringe im Fass. Wir sind für die sogenannte Zivilisation verloren, weil wir in der Weite der Wildnis unseren Frieden, unsere Freiheit, unser kärgliches Brot gefunden haben!"

Und mancher, der echtes, angeborenes Jägerblut in den Adern hat, ist nur deshalb hierher in den Westen gegangen, weil er dort jagen kann nach Herzenslust, jagen ohne „rote und grüne Punkte", jagen auf stärkstes Urwild.

3. SEPTEMBER. Am zeitigen Vormittag ziehen Eben, Dörr, Ted und ich den nördlichen Arm des Prophet River hinauf. Unsere Schlafsäcke, ein Halbzelt und einige

Lebensmittel haben wir auf 2 Pferde verladen. Wir wollen in die vergletscherten Hochtäler und dunklen Kars vordringen, dort, wo der Prophet River entspringt, und auf Schneeziegen jagen. Vielleicht sehen wir auch einen Wolf oder Bären. Gegen Mittag langen wir auf sehr hindernisreichen Wegen am Vereinigungspunkt der Hochtäler an und schlagen das Halbzelt auf. Schnell wird noch ein Stück Widderwildpret am Spieß gebraten, dann pirschen Dörr, Ted und ich los, einen tief ausgetretenen Elchwechsel hinauf, der erst durch den Wald, dann quer durch den Fluss und wieder in den Wald aufwärts führt. Wir fährten einen geringen und einen starken Grizzly, einen kapitalen Elchschaufler, mehrere Maultierhirsche und 3–4 Wölfe. Aber der Wald ist durch das Unterholz der Zwergbirke so dicht, dass man selbst auf dem Wechsel keine 5 Schritt weit sieht. Als wir aus der Waldzone heraustreten, liegt vor uns ein hügeliges Gelände, das aber ebenfalls mit diesen verfluchten, zähen Birken- (Betula fontinalis Sargent, von den kanadischen Trappern Buckbrush genannt), Erlen- (Alnus tenuifolia Nuttal) und Weidenarten dicht bestockt ist. Diese elenden Strauchbirkendickungen können den Jäger zur Verzweiflung bringen. Sie haben oft meilenweite Ausdehnung, nehmen jede Sicht, zerreißen und zerschleißen die beste Hose, man gleitet auf ihren Ästen aus, fällt in unsichtbare Löcher, und fortwährend muss man die noch so fest verknoteten Schuhriemen neu binden. Ist aber dieses Teufelszeug erst mal nass vom Regen oder hängt es voll Schlackschnee, dann hat man in kürzester Zeit keinen trockenen Faden mehr am Leibe. – An einer Stelle, wo man Aussicht in 2 Gletscherkessel und die umliegenden Wände, Hügel und Mulden hatte, zog sich ein Felsrücken oberhalb eines kleinen Sees entlang. Die äußerste Spitze dieser Erhebung wähle ich als Aussichts- und Beobachtungsplatz. Bald jagten Schneeschauer von den Gletschern her über uns, und wir drückten uns frierend unter Wind an den Fels. Mit den Gläsern suchen wir die steilen, schwarzen Felswände, die Geröllhalden und wenigen grünen Grasflecke des Hochgebirges ab. Aber alle verdächtigen weißen Punkte, die Schneeziegen hätten sein können, entpuppen sich durch ihre Unbeweglichkeit bei genauer Untersuchung mit meinem Teleskop als weiße Kalksteinbrocken oder als Schneeflecke. Ted und ich hatten bei diesem Absuchen das bereits durchschrittene wellenförmige, mit einzelnen Schwarzfichten (Picea mariana Miller) durchsetzte Strauchbirkengelände etwas außer Acht gelassen, als Dörr mich anstieß und sagte: „Sehen Sie, dort hinten über den weiten Rücken weg zieht ein Elchschaufler!" Sofort sah auch ich die riesigen, eben gefegten, noch fast weißen Schaufeln. Der fast rabenschwarze Moose war in dem hohen Birkengestrüpp nur zur oberen Hälfte zu sehen. „Der hat dieselben langen Enden wie die Abwurfschaufel, die wir in der Nähe des Lagers fanden und die Sie so gerne haben", sagte Dörr. Nun sahen wir unter diesem Schaufler einen zweiten, etwas Geringeren herziehen, der aber noch im Bast war. „Einen besseren als den vorderen werden Sie hier in British-Kolumbien wohl nicht vor die Büchse bekommen", meint Dörr, und auch mir ist es trotz der über 1000 Schritt weiten Entfernung sofort klar, dass der erste gefegte Schaufler einer der besten Klasse ist.

„Auf!" sage ich zu Ted, „Wir gehen ihn an und Dörr bleibt hier oben, um uns notfalls einzuwinken." Bei den unzähligen Mulden und Schrunden des Berglandes und besonders mitten im dicken Birkengestrüpp sieht das Gelände, wenn man ein Wild angeht, in der Nähe nämlich stets ganz anders aus als von weitem. Hunderte von unerwarteten Hindernissen stellen sich dem Jäger in den Weg, fast stets verliert man das Wild schon nach 100 m aus den Augen und endet an einem ganz anderen als dem beabsichtigten Platz, wenn man nicht genügend Wildniserfahrung besitzt.

Der Wind steht schlecht. Wir müssen weit rechts ausholen. Ich habe mir eine große, abgestorbene Fichte gemerkt, von der man wahrscheinlich in die Mulde Einblick haben würde, in der die Elche verschwunden waren. Schneeschauer jagen hin und her, wir werden in kürzester Zeit im dicken Buckbrush triefend nass, und der Wind schlägt bei jeder Geländewelle um. Schließlich gelangen wir auf den Rücken, hinter welchem die Schaufler untergetaucht waren. Ich gehe, die entsicherte Büchse in der Hand, voraus. Die Mulde, die vor uns liegt, ist im Abstand von 15–30 m mit alten Schirmfichten (Picea glauca Voss und P. Engelmanni) bestockt, dazwischen wuchert dickes Birken- und Weidengestrüpp. Plötzlich sehe ich durch die Äste einer alten Fichte etwas Helles sich eiligst fortbewegen. Das kann nur der starke Elch mit seinen hellen Schaufeln sein. Ich renne nach rechts, um die verdammte Fichte aus dem Wege zu bekommen, und sehe nun den Elch mit seinen weitausladenden, endenreichen Schaufeln auf 150 m halbschräg von mir im Trabertempo wegtrollen. Blitzschnell war der erste Schuss auf die Gegend der letzten Rippe heraus. Ohne im Geringsten zu zeichnen, trollte der Schaufler weiter. Der zweite, dritte, vierte und fünfte Schuss folgen, sobald ich eine freie Lücke habe. Nun bleibt der Schaufler stehen und äugt zurück. Als ich eine neue Patrone im Lauf habe, zieht er im Schritt mit tiefem Haupt weiter. Inzwischen ist aber die Entfernung etwa

400 m geworden, und ich muss sorgfältig, auf dem Knie aufgestützt, zielen und über Kimme und Korn schießen, da mein Fernrohr voll Wasser war. Nach dem 8. Schuss verschwindet der Elch in einer Mulde. Ich weiß, dass ich nur mehr 2 Patronen besitze und zwinge mich zur Ruhe. Mit dem Taschentuch wische ich die Tropfen aus dem Okular des Fernrohres, und gerade, als ich fertig bin, taucht der Schaufler jenseits der Mulde auf einem kleinen Hügel auf und bleibt stehen. „Das ist ein toter Moose", sagt Ted ganz ruhig. Aber ich habe die Angewohnheit, auf krankes Wild solange zu schießen, wie sich etwas bewegt. Und das ist ganz besonders in der Wildnis, wo eine Nachsuche oft geradezu unmöglich ist, auch unbedingt richtig, sofern man noch Patronen hat. Ich schiebe nun Ted vor mich, lege auf seiner Schulter kniend auf, ziele sehr genau Hochblatt und ließ den vorletzten Schuss auf 500 m fliegen. Wir hören beide deutlichen Kugelschlag, wieder sehen wir aber nicht die geringste Wirkung des Schusses. Und der Elch verschwindet langsam jenseits des Hügels!

Ich bin verzweifelt. Da muss der Teufel seine Hand im Spiel gehabt haben! Wenn ich nicht deutlich den Kugelschlag des letzten Schusses gehört hätte, so würde ich, weiß Gott, an neun Fehlschüsse geglaubt haben. In diese Stimmung hinein prasselt zu allem Überfluss eine nicht endenwollende Regen- und Graupelschauer. Ringsum rieseln kleine Sturzbäche zu Tal oder sie bilden große Pfützen in den breiten Wannen des Geländes. Jeder Schweiß in der Fährte muss, wenn überhaupt vorhanden, nun völlig ausgewaschen sein.

Ich sitze da wie die menschgewordene, schlechte Laune. Kein Zweifel, ich habe mich miserabel benommen. Es ist undenkbar, dass der Elch neun Geschosse, die von dieser gewaltigen Ladung getrieben wurden, ignoriert haben könnte, wenn sie ihn gefasst hätten. Ich habe einfach in meiner schmachvollen Gier nach der gewaltigen Trophäe gesaut, elend gesaut! Und Ted, dieser sture Bursche, sitzt wortlos neben mir, anstatt mich zu verprügeln.

„Bleib hier sitzen, bis ich dich abrufe", sage ich ihm kurz und mache mich auf den Weg, die letzte, allerletzte Patrone im Lauf. Auf die ersten Anschüsse zu gehen, erscheint mir nach dem wolkenbruchartigen Regen zwecklos. Ich durchquere daher die große Mulde in gerader Linie; denn ich habe mir dort, wo der Elch über den Grat in den nächsten Kessel gewechselt ist, einen eigenartig geformten Dürrling gemerkt.

Unterwegs stoße ich auf viele frische Elchbetten. Überall hat das Wild gelagert und die auf dem fetten, schwarzen Boden geil aufgeschossenen Wiesenkohlstauden niedergetreten. Allerorts liegen Haufen von Losung, und die mächtigen Fährten stehen kreuz und quer. Die große Mulde scheint der Haupteinstand der beiden Schaufler gewesen zu sein.

Das triefende Blattwerk der Weiden und Birken tränkt mir den letzten trockenen Faden am Körper, im Schuhwerk quatscht das Wasser.

Endlich habe ich den Grat erreicht. Wohl finde ich neben der dürren Fichte die Fährte des Schauflers, aber von Schweiß, wie erwartet, nichts mehr.

Das Fernrohr habe ich von der Büchse abgesetzt. Vorsichtig folge ich den mächtigen Schalenabdrücken.

Plötzlich überkommt mich ein Gefühl der Sicherheit. Weiß der Teufel, woher und wodurch es kommt, auf einmal ist es da und spannt mir alle Sinne aufs äußerste. Ich bin wieder Raubtier geworden und schleiche scheu und sprungbereit wie der pirschende Luchs von Strauch zu Strauch, die entsicherte Büchse fest in den Fäusten.

Da schimmert 10 Schritt unter mir eine Helligkeit durch die Büsche. War es ein weißer Fels oder – – –? Ich recke mich geräuschlos vor – da stockt mir fast der Herzschlag: Aus dem herbstbunten Laub der nassen Zwergbirken ragt eine riesige, vielendige Schaufel heraus!

Eine ganze Weile saugen sich meine Augen an ihr fest. Sie rührt sich nicht. Noch einige leise Schritte vor, die Büchse halb im Anschlag –, dann stehe ich vor dem längst verendeten Riesen des nordischen Urwaldes. Bis hierher haben die stahlharten, muskelstrotzenden Läufe den wohl über fünfzehn Zentner schweren, lebenszähen Körper getragen, ehe die letzte Kraft sich dem Tode einer raffinierten Technik beugen musste. Acht Kugeleinschüsse finde ich auf Blatt und Rippen. Ein weiteres Geschoss hat nur die schwarze Decke am Stich aufgerissen.

Mit aller Gewalt gelingt es mir, die andere, beim Fall in den Boden gestoßene Schaufel herauszuwuchten und das schwere Haupt zu wenden. Endlich habe ich das Geweih frei. Fünfzehn Enden zähle ich auf der einen, zwölf auf der anderen Schaufel und kann es kaum fassen, einen ungeraden Dreißigender erlegt zu haben.

Dieser etwa vierzehnjährige Elchhirsch verdient wirklich den Namen Großwild.

Allein das Blatt ist stärker als die Schulter eines großen Reitpferdes, und ein guter Karpatenhirsch würde neben diesem schwarzen Riesen der kanadischen Wildnis wie ein Zwerg wirken.

Lange sitze ich allein bei meiner Beute, bewusst mir das Bild dieser Stunde einprägend, die wohl der Gipfelpunkt meines harten, aber reichen Jägerlebens ist und bleiben wird.

Dann steige ich die wenigen Schritte zurück auf den Kamm der Muldenrippe und winke Fritz und Ted heran. Sie treffen fast gleichzeitig ein, und ich führe sie zum Schaufler. Beide haben viele Elche in langen Kanada-Jahren gesehen, aber wenige mit derart hohen und langendigen Schaufeln, und die stolze, echte Mitfreude leuchtet aus ihren Augen, als sie mir wortlos die Hand drücken.

Mit vereinten Kräften schlagen wir nun um den Schaufler herum die störenden Birkenbüsche ab, und der kleine Fotoapparat tritt in Tätigkeit. Dann wird das Haupt mit der Decke des Vorschlages ausgelöst und die besten Wildpretstücke des Rückens, die mit handhoher Feistschicht bedeckt sind, herausgeschnitten. Dabei stellt sich heraus, dass in der Kammer und Bauchhöhle alle Organe zu Mus zerschossen sind. Es ist eigenartig mit diesem urgewaltigen Wild, manchmal ist es weich wie ein Rehbock und fällt auf den ersten Schuss, und ein andermal ist es von unerhörter Zähigkeit. Dieser auch an Wildpret ganz besonders starke Schaufler (Ted schätzt ihn auf 16 Zentner) ist wahrscheinlich, ebenso wie der Caribou Hirsch, deshalb so zähe, weil er auf der Höhe der Feistzeit, kurz vor der Brunft, stand. Um den Schaufler etwas zu wenden, müssen wir drei unsere gesamten Kräfte aufbieten, und das will schon etwas heißen; denn Dörr und Ted sind bärenstarke Männer.

Gerade ein solches endenstarrendes Geweih hatte ich mir erträumt. Aber wie viele Jäger jagen in Kanada und bekommen nie einen Elch dieser Klasse zu sehen! Es ist das erste Moosegeweih, das überhaupt aus dem Quellgebiet des Prophet herausgebracht wird, ebenbürtig den besten Schauflern aus dem bekannten Cassiar District. Die spätere genaue Nachmessung ergibt 143 cm Auslage, längstes Ende 45cm und 403 Punkte nach der bekannten Elchformel. Das Gewicht des Geweihes beträgt mit ganzem Oberkiefer nach Loslösung aller Wildpretteile, des Leckers und des Hirnes 47 Pfund (23½ kg).

Die grauen Wolken verhängen frühzeitig das Tal, Dämmerung senkt sich nieder, und oben im zerklüfteten Urwald kreischt schauerlich wild ein Luchs.

Wir hängen die Schaufeln hoch in die Äste einer Fichte zum Schutz gegen Wolf, Bär und Stachelschwein, lüften den Elch und treten den Rückmarsch zu unserem kleinen Lager an, das wir vollkommen durchnässt, aber in fröhlichster Stimmung erreichen. Ted, der kleine, unglaublich zähe und starke Bursche, hat die ganze Kopf- und Halsdecke im Packsack mitgeschleppt, ein Gewicht, das ich kaum heben konnte. Es ist aber ebenso erstaunlich, was dieser drahtige Kanadier futtern kann. Mit zwei Händen stopft er sich das gebratene Wildpret in den Mund und erzählt dabei noch in aller Gemütsruhe seine Bären- und Wolfsgeschichten. Aus jedem Mundwinkel ragt dann so ein großes Fleischstück heraus, verschwindet aber in kürzester Zeit in dem unergründlichen Schlunde.

Als wir eben bei Eben ankommen und ihm des Schauflers Geschichte erzählen, schüttelt er mir in strahlender Mitfreude die Hand, und als ich ihm an einem Stock, den ich eingekerbt hatte, die Ausmaße zeige, sagt er, der wohl der beste Kenner des kanadischen Elchwildes ist: „Well, der ist in Ordnung, einen besseren werden Sie auch wohl nicht in Alberta schießen; denn ich habe nach 10-jährigem Jagen nur zwei Geweihe erbeutet, die besser sind."

Ich habe inzwischen alles im Lager in beste Ordnung gebracht. Vor unserem Zelt lodert ein flackerndes Feuer, an dem wir uns unsere Sachen am Leibe trocknen; dann kriechen wir in die Schlafsäcke. Nur der kleine, harte Ted legt sich draußen unter ein Stück Packtuch in den Regen und ist nicht zu bewegen, zu uns ins Halbzelt zu kriechen. Bald beginnen um uns die großen Timberwölfe zu heulen, wir hören vier bis fünf verschiedene Stimmen und die Kameraden schlafen, rechtschaffen müde, bei dieser herrlichen, zauberhaften Melodie der Wildnis ein.

Der kanadische Wolf heult etwas anders als der russische und karpatische. Seine Stimme ist klagender, melancholischer. Sie klingt wie eine wehmütige, traurige Melodie. Das plötzliche dreimalige Aufbellen, welches das Lied des Karpatenwolfes gegen den Schluss seiner langgezogenen, hoch ansetzenden und tief endigenden Töne auszeichnet, fehlt beim Kanadier. Er singt eine langgedehnte, sehnsüchtige Arie. Aber er ist bedeutend stärker als der westrussische und der karpatische Wolf. Starke Rüden erreichen bisweilen eine Länge von 2,20 m, gemessen von der Nase bis zur Luntenspitze, und ein Gewicht von 70 kg. Es kommen sehr verschiedene Färbungen vor, und zwar vom fast reinen Weiß über Silbergrau und Graubraun bis zum tiefen Schwarz. Das aus dem Holz der gemordeten Wälder gewonnene Papier wird so oft mit schauerlichen Geschichten über die Gefährlichkeit der Wölfe bedruckt. Das ist ganz gewöhnlicher Schwindel. Selbst der so besonders starke kanadische Timberwolf greift nie, auch nicht in großen Rudeln und auch nicht, wenn er „Hunger hat", den Menschen an. Selbstverständlich würde er beißen, wenn man ihm, falls er im

Eisen sitzt, zu nahe kommt. Aber das tut auch jeder Fuchs, ja sogar eine Ratte. Aber er ist von einer unerhörten Scheu, Gerissenheit und Vorsicht. Der Ausdruck „Feigheit" wäre fehl am Platz, weil tierpsychologisch falsch. Einen starken Altwolf zu erlegen, gehört für den erfahrenen Jäger zur Krone aller Jagd und zur Hohen Schule des Waidwerks. Das gleiche gilt für den alten Grizzlybären.

Während meine Begleiter im Schlafe leise, unverständliche Worte murmeln, durchlebe ich nochmals das ganze, in seinem Auf und Nieder so erregende Erlebnis. Wieder höre ich das Knacken der Holzscheite, das feine Rieseln der Fichtennadeln, das Rauschen der Urwaldbäche, den wilden Schrei des gespenstigen Uhus und sehe die fahlen, bleichen Nordlichter wie Geisterhände über den dunklen Nachthimmel huschen. Nun, da das Wild Ruhe hat vor uns Menschen, gehen die anderen, die nächtlichen Pirschjäger auf Jagd, der graugelbe, schleichende Silberlöwe, der heimliche, große, helle Luchs und die Rotten der mächtigen Timberwölfe. Maultierhirsch und Wapiti, Elchkalb und Schneeziege, Wildschaf und Caribou, sie alle sind ständig in Gefahr, und jede Sekunde ihres Daseins dient zur Schärfung ihrer Sinne und zur Erhaltung nur der Besten ihrer Art.

Auch ich schlafe nun endlich ein mit dem wunderbar reichen Gefühl, glücklich zu sein. Wer sich einsam fühlt, wenn er allein ist, der ist bereits verstädtert und unzufrieden. Der Jäger fühlt sich am glücklichsten in seinem Walde und am einsamsten unter vielen Menschen.

4. SEPTEMBER. In aller Frühe bricht Ted auf, die zum Hauptlager zurückgelaufenen Pferde zu holen. Ich gehe allein zum erlegten Elch und bitte Dörr und Eben, erst nach 3 Stunden nachzukommen. Da alles Wild hier so gut wie noch nie bejagt worden ist, kann es immerhin möglich sein, dass ein Grizzlybär oder Wölfe schon am Wild sind. Durch nasse, hohe Strauchbirken bahne ich mir einen Weg auf einen überhöhenden Hügel. Aber das hohe Gestrüpp verhindert jeden Einblick. Nur einige „Whisky Jacks", auch „Camp Robbers" genannt, jene kleinen, stets ums Lager herum nach Abfällen suchenden Häher (perisocens canadensis) sehe ich hin und her fliegen. Nach einer Stunde kalten, von Schneeschauern gewürzten Ansitzes pirsche ich zum Schaufler, dessen Geweih ich in der Fichte hängen sehe. Natürlich habe ich die fertige Büchse in den Händen; denn ein Grizzly wird in dieser weltfernen Gegend seinen Fraß auch gegen den ihm unbekannten Menschen verteidigen. Das riesige, überpferdgroße, schwarze Wild liegt aber noch unberührt, und ich fache in aller Nässe ein Feuer an, um

mich zu erwärmen und zu trocknen und um durch den Rauch den nachkommenden Kameraden anzuzeigen, dass kein Raubwild am Elch ist.

Es dauert auch nicht lange, dann treffen beide ein. Wir säubern ringsum den Platz von allem Buschwerk, um für später Einblick von oben zu haben. Dann nimmt sich der hünenhafte Dörr das Geweih auf die Schulter, Eben trägt die mächtigen Vorderläufe, die ich mir präparieren lassen will, und nach einer Stunde sind wir wieder bei unserem kleinen Camp, wo inzwischen Ted mit 3 Packpferden eingetroffen ist. Nun wird alles verschnürt und verpackt, und wir ziehen talabwärts zum Hauptcamp. Wieder durchnässen uns die wehenden Schleier des feinen Regens, und dicke Nebelschwaden umhüllen die Berge wie Rauch. Noch immer sehe ich die riesenhafte Gestalt des blonden Recken aus dem bayerischen Allgäu vor mir hersteigen, mit langsamen, sicheren Schritten. Auf seinen wiegenden, muskelbepackten Bärenschultern trägt er das siebenundvierzig Pfund schwere, fast anderthalb Meter spannende Geweih, und während ihm die Enden der einen Schaufel bisweilen in die Kniekehlen stoßen, ragt die andere hoch über seinen Kopf empor wie ein vorweltliches Geschöpf mit langen Greifarmen.

Eben und ich gehen etwas langsamer und als letzte. Wir können es nicht lassen, einem links abzweigenden Elchwechsel zu folgen, der uns bald in alten, dichten, mit tausend Windwürfen versperrten Fichtenurwald führt. Hier ist kein Weiterkommen mehr, und wir müssen zurück in die Talsohle. Uns umwendend, sehen wir zwischen den Kronen der Fichten im halben Berghang einen Schaufler stehen, der uns auf 500 m unentwegt anäugt. Es war auch ein guter Elch mit langen Enden in der Vorschaufel, aber doch geringer als der von mir erlegte. Er hat noch Bast auf und gleicht dem Schaufler, der gestern hinter meinem starken hergezogen war und den ich in dem welligen Gelände beim Angehen des starken nicht mehr zu Gesicht bekommen hatte. Aber es ist sicherlich ein anderer; denn wir finden viele frische Betten seines Feisteinstandes und auch zwei frische Fegestellen, die beweisen, dass dort noch ein anderer, älterer Hirsch seinen Einstand hat. Als wir weggehen, steht der Elch noch immer am gleichen Platz und äugt uns nach.

Am Hauptlager angekommen, treffen wir Werner, Curly und Clyde noch immer nicht an. Wir schicken alle Stoßgebete zum heiligen Hubertus, dass dieses lange Ausbleiben ein gutes Zeichen für jagdlichen Erfolg sein möchte. Werner ist doch ein verteufelt harter Jäger, dass er so viele Tage nur mit dem offenen Halbzelt bei der Kälte draußen bleibt.

Ein wirklicher Genuss ist es, mit den beiden Deutschen Dörr und Eben in der Wildnis zu jagen. Sie haben nicht nur eine große Wildniserfahrung in allen Dingen, sondern sie sind auch die nettesten, fleißigsten, hilfsbereitesten Kameraden, die man sich nur wünschen kann. Beide aus besten Familien stammend, mit vorzüglicher Hochschulbildung und natürlicher Klugheit ausgestattet, sind sie eisenharte, muskelstrotzende Wildnisjäger, stets, auch bei jeder Unbill, bester Laune, selbstlos und herzensgut. Es gibt Gegenden in der Welt, wo sehr viel von Kameradschaft und Selbstzucht geredet wird. Bei diesen Menschen wird nicht davon geredet, aber danach gehandelt.

5. SEPTEMBER. Ich bleibe im Hauptcamp und will erst mal abwarten, was Werner mitbringt, ehe ich wieder Arm in Arm mit Diana gehe, die mich in diesem Jahre besonders zu lieben scheint. Es gibt auch viel Arbeit mit Präparieren der Köpfe und Flicken der zerschlissenen Kleidungsstücke. Das Wetter klart etwas auf, und morgens ist ums Zelt herum alles weiß bereift.

Dörr, der keine Müdigkeit und kein Nichtstun kennt, unternimmt mit meiner kleinen Kleinkaliberbüchse den weiten Gang zum erlegten Caribou, um zu sehen, ob es von Raubwild angenommen worden ist. Abends spät kommt er zurück und berichtet, dass an der Passhöhe viel verwehter Neuschnee liegt. Drei Wölfe seien am erlegten Caribou vorbeigewechselt und, wie die Spuren zeigten, auch ein Coyote (die kleinste kanadische Wolfart, auch Präriewolf genannt). Am Luder saßen drei Adler, von denen er einen mit der 6 mm fehlte. Dann bekam er die leere Hülse nicht aus dem Lauf und musste zu seinem Ärger auf zwei bequem sitzende Murmeltiere, von denen ich gerne eins für ein deutsches Museum gehabt hätte, verzichten. Ferner sah er drei Caribous mit einem geringen Hirsch und einen Wanderfalken mit rostrot angehauchter, sonst weißer Brust, jedenfalls einer der nördlichen Art (Falco peregrinus).

Die Wölfe scheinen noch gar nicht hungrig zu sein; denn sonst hätten sie das Caribou sicher angenommen. Ob die Reste der Widder angenommen waren, konnte Dörr nicht feststellen, da er sie nicht fand. Von weitem sah er noch ein Rudel weiblicher Stone Schafe und auf der Spitze eines fernen Berges zwei einzelne Schafe, wahrscheinlich Widder. Wir warteten den ganzen Tag auf Werners Rückkehr vergeblich und machten uns schon etwas Sorgen. Da aber Curly und Clyde bei ihm sind, kann wohl nichts Unangenehmes vorgefallen sein, sonst hätten wir wohl von einem dieser beiden Leute Nachricht erhalten. Curly ist wohl einer der allerbesten Outfiter und Führer im westlichen Kanada. Anständig, ruhig, zäh und erfahren, setzt er alles daran, eine Expedition zum vollen Erfolg zu bringen. Clyde, von deutschen Eltern stammend, ist ein bedächtiger und bescheidener Hüne, der sein Fach, die Pferde zu betreuen und zu bepacken, aufs Beste versteht. Der kleine, schwarzhaarige Ted hat eine unermüdliche Jagdpassion, stets aufmerksame, vorzügliche Augen und vor allem unerschütterliche Ruhe in der Nähe des Wildes. Er ist der zweite Jagdführer unserer Expedition und trotz seiner kleinen Gestalt ungeheuer zäh und stark. Jim, der Koch, ist ein herzensguter Junge, der fast ständig beim Zubereiten seiner ausgezeichneten Speisen englische Liedchen vor sich hin singt.

Kurzum, die sämtlichen für den langen Zug zum Prophet River verpflichteten Leute haben sich als erstklassig erwiesen. Wenn sie auch schwer verarbeitete Hände und einfache Kittel haben, sie sind Gentlemen von oben bis unten.

6. SEPTEMBER. Wir warten bis 6 Uhr abends auf die Rückkehr von Werner und erwägen alle erdenklichen Möglichkeiten, die ihn veranlasst haben könnten, so lange auszubleiben. Schließlich komme ich zu dem Resultat, dass es am wahrscheinlichsten ist, dass es in den ersten Tagen nicht geklappt hat, und dass er bei seiner zähen Härte den Erfolg erzwingen will. Leider ist das Wetter aber besonders gegen Abend wieder saumäßig und wird ihm die Jagd sehr erschweren, obgleich er nach Teds Behauptung in einem für alle Wildarten erstklassigen und fast noch nie betretenen Gebiet jagt. Als er um 6 Uhr abends noch nicht da ist, gehen Eben, Ted und ich auf die Spitze eines Hügels am River, wo man weiten Blick auf die Kiesbänke des Tales hat, und lauern auf Wölfe. Im kalten Wind, von dauernden Schnee- und Regenschauern übergossen, liegen wir fast 3 Stunden im nassen Preiselbeergras und halten Ausschau. Schließlich verdunkeln Nebel und Regen das Tal, und gut durchnässt und verfroren wandern wir zum Lager zurück. Bei solchem Hundewetter sollte man am besten ganz im Lager bleiben und in Geduld den Umschlag abwarten.

Eben hat heute das Geweih meines kapitalen Schauflers fotografiert und meinte bei nachdenklicher Betrachtung: „Solche Knuffenschaufler sind ebenso selten wie nette Mädchen." Ich konnte mich dieser Junggesellenphilosophie nicht ganz anschließen. Um mich negativ auszudrücken, muss ich sagen, dass es weniger solcher Schaufler gibt. Und mit dieser, nach beiden Richtungen hin freundlichen Illusion schließe ich für heute mein Tagebuch und die Augen.

Das Geweih meines Caribou Hirsches

Mein kleines Nebenlager am Prophet River

Das Elchgebiet an den Quellarmen des Prophet River

So fand ich meinen kapitalen Schaufler

Verfasser mit dem frisch abgeschlagenen Geweih seines Elchschauflers

Süß ist die Last

7. *September*. Es regnet weiter in Schauern fast den ganzen Tag. Die einzige Beute, die ich heute mache, sind Fotos von einem Chipmunk (ganz kleine, sehr niedliche, gestreifte Eichhörnchenart) auf 1 m Entfernung und einem frechen Whisky Jack (graue kanadische Häherart) auf 2 m. Sonst wurden Lagerarbeiten verrichtet, deren es immer viele gibt, Caribou-Bouillon und Elchsteaks gegessen und geschlafen. Ich vermute, dass Werner auch am Feuer unter seinem Halbzelt sitzt, und hoffe, dass er bald mit reicher Beute heimkommt. Es ist sehr schade, dass Curly uns kein Datum angegeben hat, an dem er spätestens mit Werner zurückkehren würde. Wir könnten in diesem Falle auf Schneeziegen ausziehen. So aber sitzt man hier und muss untätig warten.

8. *September*. Das Aspenlaub (Populus tremuloides Michaux) ist gelb geworden.
Karminrot haben sich schon viele Strauchbirken gefärbt. Sehr schnell ist der Herbst gekommen, und am Morgen glitzern von ferne die Neuschneefelder auf den Wetterseiten der zackigen Hochberge, aus deren Gletschern der Prophet River seine Quellwasser saugt.

Ted meint, es habe nicht viel Zweck, noch länger auf „Doc" zu warten, und soweit ich meinen Freund kenne, wird er auch gar nicht wünschen, dass man ihn irgendwo an der South Fork des Rivers sucht. Er jagt entweder nach einem bestimmten Wild oder er hat ein Stück geschossen und wartet nun am Luder auf den starken, sagenhaften Grizzly. Es ist wohl nicht möglich, dass ihm irgendetwas zugestoßen ist, sonst wäre Clyde zurückgeritten und hätte uns benachrichtigt. Infolgedessen entschließe ich mich, hinauf ins Quellgebiet des Prophet zu ziehen, um an den Resten meines Elches nach Bär und Wolf Ausschau zu halten. Ted ist aber nicht zu bewegen, Pferde mit hinaufzunehmen, sondern will lieber alles Notwendige auf dem Rücken tragen. Gabis mir geliehener, kleiner, ausgezeichneter Taschenbarometer war auf Null gestiegen. Ich konnte also für heute wenigstens auf etwas besseres Wetter rechnen. Meine drei Begleiter legten gleich wieder das im kanadischen Busch übliche Tempo vor. Ted, mit einer wohl 60 Pfund schweren Last auf seinem Packboard, marschierte durch den zähen Buckbrush wie ein junges Mädchen in leichtester Bekleidung bei einem Sommerweekend-Ausflug in Europa, so dass ich kaum folgen konnte. Allerdings trug ich außer den notwendigen Sachen die doppelte Anzahl von Jahren auf dem Buckel. Nach 3 Stunden waren wir auf dem kleinen Waldsattel, der die Hochtäler vom Hauptale trennt.

Links neben uns zieht gerade ein Elch-Alttier mit Schmaltier an den Rand eines Teiches zur Äsung aus. Mächtig und massig stehen die schwarzen Wildkörper auf dem hellgelben Ufergras. Wir halten uns aber nicht lange mit ihrer Beobachtung auf; denn Ted, der passionierte Jäger, drängt. Dörr und Eben bleiben nun zurück, und ich pirsche mit Ted allein zum Mooseluder. Die Geländefalten und den Wind ausnutzend, komme ich auf einem überhöhenden Hügel gut an, von wo ich den Elch liegen sehen kann, da ich mit Dörr am Tage der Erlegung das Birkengestrüpp ringsum abgehackt hatte. Mit dem Glas kann ich schon erkennen, dass weder Bär noch Wolf den Schaufler angenommen haben. Aber Ted, der – wie die meisten Kanadier – Respekt vor dem Grizzly hat, ermahnt mich mehrmals, nur mit schussfertigem Gewehr heranzugehen. Es ist ja auch möglich, dass ein Bär sich neben dem Luder im Gestrüpp niedergetan hat, und die Bären in dieser unbejagten Gegend haben sicher noch nie einen Menschen eräugt und würden wohl sicher entschlossen sein, den gefundenen Fraß durch einen schnellen Angriff zu verteidigen. Mit dem Drilling in der Hand, auf Kugel 8x57 gestellt, und 2 Brennecke-Flintenlaufgeschosse Kaliber 16 in den Schrotläufen, kann ich aber sehr beruhigt herantreten. Kein Wild, außer den stets vorhandenen Grauhähern hat den Moose angenommen. So geht denn Ted zurück, um die beiden deutschen Kameraden zu holen. Ich selber pirsche schon allein weiter, um an unserem alten Aussichtspunkt Ausschau nach Schneeziegen zu halten. Die Bergformation vor mir in dem großen Talkessel kenne ich nun schon, und ein an der linken Seite gelegener Bergklotz, der drei verschiedene, mit grüngelbem kurzem Gras bewachsene, nebeneinanderliegende Terrassen hat, scheint meinen Gamsjägeraugen günstig für Schneeziegen zu sein. Bald finde ich auch auf der mittleren Terrasse einen verdächtigen weißen Punkt, der sich aber nicht bewegt. Es kann ein weißer Felsbrocken oder ein Schneefleck, vielleicht aber auch eine Ziege sein. Ich nehme mir vor, erst einmal die anderen Berge abzusuchen und nach einer Viertelstunde wieder den weißen Fleck mit dem Glas zu betrachten. Hat er dann seine Form und Lage beibehalten, so wird er wohl ein weißer Stein sein. Nachdem auf den anderen Hängen nichts zu finden ist, schaue ich wieder hin, und nun sind es zwei nebeneinander befindliche weiße Flecke geworden. Es müssen also zwei Schneeziegen sein. Der Name Ziege ist übrigens irreführend, dieses mächtige Wild hat mit Ziegen nichts zu tun, sein nächster Verwandter ist der in Hochtibet vorkommende Goral und der Serau, von denen Dr. Ernst Schäfer eine Reihe kapitaler Stücke auf seinen berühmten Expeditionen erlegte.

Inzwischen sind die anderen herangekommen, und auch Ted spricht die beiden weißen Flecke als Goats, und zwar als Billy Goats (Ziegenböcke) an, da sie allein sind. Nun machen wir von unten aus unseren Schlachtplan. Durch die an der tiefsten Terrasse über die Erde wie Latschen wuchernden Balsamtannen (Abies balsamea und Abies lasiocarpa in 4 Unterarten) mussten wir bis an den Rand der zu unterst gelegenen Felswand kommen. In derselben führt ein kleiner, augenscheinlich auch von den Schneeziegen als Wechsel benutzter Kamin hinauf auf die oberen Grasbänder, und die überhöhende Wand wird wahrscheinlich Deckung gegen Sicht bieten. Während wir noch beraten, ziehen neben uns aus dem dichten Schwarzfichtentimber zwei Elchschaufler aus. Der erste hat gefegt, aber noch fast weiße Schaufeln, ein guter Elch. Dem zweiten, einem jungen, zur Langendigkeit neigenden Elch hängen die Bastfetzen vom Geweih. Wieder ein herrlicher, unvergesslicher Anblick. Ich will aber auf keinen Fall einen zweiten Elch schießen, bevor nicht Freund Schaurte einen solchen erlegt hat.

Schnell kochen wir Tee ab, und dann gehe ich mit Eben und Dörr die Ziegen an, die aber inzwischen langsam auf den oberen Grat ziehen und in einem Felsriss verschwinden. Nach einer Stunde steilen, anstrengenden Steigens sind wir etwa dort, wo wir das Wild zuletzt gesehen haben. Dörr und Eben bleiben nun zurück, da einer allein in dem wilden Felsgeröll natürlich weniger Geräusch macht. Um auf den Grat zu kommen und jenseits Einblick zu haben, muss ich mehrere sehr steile Wände hinauf. Ohne Klimmzüge an schmalen, vorspringenden Kanten geht es nicht ab. Aber bald habe ich auch das bezwungen. Jenseits des Grates aber gibt es Hunderte von Rissen, in die ich vorsichtig hineinspähen muss, und schließlich komme ich an große Schneefelder. Mit dem Glas erkenne ich auf einem derselben die Fährten der beiden Böcke, und sofort flammt in mir wieder die wilde Leidenschaft auf, die mich immer erfasst, wenn etwas schwer wird und es sich um starkes, seltenes Wild handelt.

Die Fährten sind nagelfrisch, und ich folge ihnen auf dem Schneefeld, froh, dem lockeren, scharfkantigen Felsgeröll entronnen zu sein. Gar bald bemerke ich aber, dass ich nicht auf Schnee, sondern auf Eis gehe, das mit einer leichten Schneedecke überzogen ist und sich immer steiler nach oben zieht. Eben überlege ich, ob es nicht gescheiter sein würde, wegen der zunehmenden Schräge des Gletschers wieder nach links ins Geröll auszuweichen, als mir beide Füße zu gleicher Zeit unter dem Leib wegrutschen und ich den Eisabhang hinuntersause, viel schneller als ich ihn hinaufgestiegen war. Als ich mit zerschundenen Händen unten in den Felsbrocken lande und ringsum die Whistler (Murmeltiere) ihre schrillen Warnpfiffe ausstoßen, komme ich mir dümmer als ein alter Esel vor. Zwei dieser, in ganzen Kolonien wohnenden Tiere hatte ich schon vorher als Wachposten auf dicken Steinen vor ihren Bauen sitzen sehen, mächtige Kerle mit grauen Köpfen und rötlicher Buschlunte, die sie in der Erregung auf und ab schwenken. Sie erreichen nach Angabe von Ted ein Gewicht bis zu 40 Pfund.

Nun bleibt mir nichts anderes übrig, als doch durch die Geröllhalde oberhalb des kleinen Gletschers zu steigen, und bald befinde ich mich in einem jeder Beschreibung spottenden Trümmerfeld. Haushohe Brocken harten, scharfkantigen Gesteins liegen, wie von der Hand eines Riesen ausgeschüttet, durcheinander und übereinander, tiefe, schwarze Spalten, aus denen man sich nie mehr hätte emporarbeiten können, gähnen dazwischen, und immer wieder kommen neue Risse, Abgründe, Gletscherstücke und Schluchten. Überall in einem solchen Loch kann das weiße, im Klettern wohl meisterhafteste Wild der Erde stehen. Der Jagdteufel hat mich nun in seinen Klauen, mein Blut wallt, irgendwo, unsichtbar, müssen die Böcke stehen. Wohl 1000 m Trümmerfeld habe ich, von Brocken zu Brocken springend, überwunden, da sehe ich vor mir ein riesiges, nach oben durch senkrechte Wände abgeschlossenes Kar liegen. In seinen Ausläufern zieht sich ein langgestreckter Gletscher hin. Unter ihm hat sich ein kleiner See gebildet, von Hochmoorpflanzen umsäumt, und aus ihm rieselt durch eine steile Klamm ein kleines Wässerlein, murmelnd von Gumpen zu Gumpen, hinab – der Ursprung des Hauptarmes des Prophet River, den noch nie zuvor eines Menschen Auge erblickt hat! Der Berggeist hat alle seine Kräfte aufgeboten, diesen weiten, einsamen Kessel gegen das Eindringen des Menschen zu befestigen und zu verbarrikadieren.

Lange Eiszapfen hängen vom überhängenden Gestein. Ich breche sie ab und zerkaue sie mit wahrer Wollust; denn die Zunge klebt mir am Gaumen.

Da sehe ich, vorwärtsblickend, plötzlich die weißen Keulen eines Schneebockes langsam hinter einem großen Felsbrocken verschwinden. Dort, in der von mir aus noch nicht einzusehenden Mulde muss ich sie erwischen. Wieder geht es weiter von Brocken zu Brocken. Ohne meine guten Goiserner Nagelschuhe wäre ich hier niemals weitergekommen, der Rachen irgendeiner dunklen Spalte hätte mich verschluckt oder mein Fuß wäre ausgeglitten, und ich wäre mit zerbrochenen Knochen irgendwo auf einem messerscharfen Felsbrocken gelandet. Da höre ich hinter mir ein leises Steinen. Mich umwendend, sehe ich Eben mir nachsteigen. Er hatte mir, damit ich besser steigen konnte, unten schon die elektrische Taschenlampe abgenommen und war in rührender Sorge, ich könnte, vom Jagdteufel erfasst, oben im Stein- und Gletschergebiet in die Dunkelheit geraten, mir nachgestiegen.

Da ich aber das Wild vor mir weiß, winke ich ihm, zurückzubleiben und steige allein weiter. Endlich habe ich das Trümmerfeld überwunden. Aber die letzten Zinken und Mulden des Gletscherkars muss ich noch einsehen. Bei jedem neuen Riss schiebe ich vorsichtig nur den Oberteil meines Kopfes vor. Schließlich komme ich an den letzten, großen Kamin. Auch er ist leer. Ich setze mich hin und untersuche mit dem Glase die ganze, gewaltige Arena, die mich umgibt. Nirgendwo rührt sich etwas. Eine heilige, fast unwirkliche Einsamkeit umgibt mich. In schwindelnder Tiefe schlängeln sich als winzige Silberbänder die fünf Quellarme des Prophet River aus den unbekannten Hochtälern und Karen hinab. Die Sonne geht unter, und in rötlichem Licht leuchten die schneegekrönten Häupter der mir gegenüberliegenden Bergriesen.

Eine tiefe Ehrfurcht angesichts dieser gewaltigen, in unheimlichem Schweigen drohenden Szenerie erfasst mich. Ich weiß, dass sie noch keines Sterblichen Auge je erblickt hat; denn auch kein Indianer wagt sich jemals auf solche Berge.

Das Wild ist verschwunden. Wohin, das wird mir ewig ein Rätsel bleiben. Ich nehme an, dass das verdammte Pfeifen der zahlreichen Murmeltiere es gewarnt hat. Und die Schneeziege ist bekannt dafür, dass sie es, ohne flüchtig zu werden, meisterhaft versteht, unter Ausnutzung der vielen Spalten und Schluchten sich fortzustehlen. Nur noch wenige 100 m trennten mich vom höchsten Gipfel dieses unnahbaren Berges.

Ich konnte der Versuchung nicht widerstehen und stieg weiter.

Es war, als sei hier oben ein ganzer Felsberg abgebrochen und in wildestem Durcheinander auf einen anderen gefallen. Eine Weltuntergangsstimmung, eine drohende, lautlose Einsamkeit, wie man sie auf den Gefilden des Mondes erwartet, lastete über diesem unheimlichen Ort der Katastrophe und Verwüstung. Die Büchse in der rechten Faust, Sprung für Sprung abwägend, überwand meine Leidenschaft in einer Stunde die wilde Barriere, welche der Schutzgott des Wildes dem Jäger in den Weg gelegt hatte. Dann schlich ich vorsichtig wie ein Panther die letzten grauen Urgesteinsmauern hinauf, die mich noch vom höchsten Gipfel trennten. Umweht von fegenden Wolkenfetzen und Schneefahnen, übersah ich nun den jenseitigen Abfall des Berges, schaute in ein zweites, gewaltiges Hochkar hinein, auf dessen Grund ein smaragdgrüner, kleiner See funkelte, überblickte alle dunklen, starrenden Wände, Risse und Grate und… … fand mein Wild nicht mehr! Es war, als hätte der Berg es verschlungen!

Der Abend nahte! Im Westen türmten sich Wolken auf von nie gesehenem Rosa vor hellgrünem Grund. Die Täler dunkelten bereits. Gerade reichte noch das Licht zu einer Zeitaufnahme, und sie war meine Beute: Der Hauptquellzufluss des Prophet River, der in einem Hochsee vermutet wurde, und dessen Gletscherursprung ich nun durch das Bild meiner Kamera beweisen konnte. Ein kaum hörbarer Ton drang von unten an mein Ohr. Ich suchte mit dem Glase die Tiefen ab und entdeckte als winzigen Punkt Eben-Ebenau, der sich Sorge um mich machte. Vom höchsten Gipfel aus winkte ich mit meinem alten, spielhahnfedergeschmückten Filzhut hinab. Dann erbaute ich schnell den Steinmann der Erstbesteigung, ritzte mit dem Nickfänger Namen und Datum in die unterste Steinplatte und gab dem Berg den Namen jener, die ich liebte.

Der Abstieg blieb mir erspart. Ich fand einen breiten, steilen Lawinenstreifen, und auf seinem harschigen Schnee fuhr ich, auf dem Rücken liegend und mit den Füßen nach Bedarf bremsend, wie ein Rodelschlitten zu Tal.

Das war jagdlich ein Misserfolg gewesen, über den mein Stolz und Eigensinn die Zähne knirschen ließ. Aber unvergesslich wird diese Pirsch bleiben, unvergesslich in ihrer Härte und ihrer Schönheit.

Im unteren Teil des Berges fand ich Eben und Dörr wieder. Beim gemeinsamen Abstieg machen wir noch eine große Kette schon fast weißer Schneehühner hoch. Dann müssen wir noch eine unerhört zähastige Latschendickung niedriger Tannen passieren, die hier in einer silberblauen und einer grünen, breitnadeligen Form vorkommen. Es sind die Balsamtanne und die rauschuppige Tanne in ihren Hochlageformen. Dann nimmt uns wieder der geliebte Buckbrush und endlich der Fichtentimber auf, in dem wir schließlich den großen Elchwechsel auf dem Grunde des Tales finden. Von weitem sehen wir Teds Lagerfeuer rauchen. Bevor wir es erreichen, machen wir einen Elchschaufler rege, der in mächtigem Troll durch Strauchbirkengestrüpp, Felsgeröll und gestürzte Stämme aufwärts strebt. Bald hat er sich aber unter einer Felswand festgerannt, bleibt stehen und äugt zurück. Wir haben Zeit, ihn auf 250–300 m genau zu betrachten. Er hat gute, langendige Vorschaufeln und trägt etwa 24 Enden. Aber an seiner Drossel baumelt die lange „Bell" des jungen Hirsches. Sie hat solches Ausmaß, dass sie ihm fast zwischen die Vorderläufe pendelt. Er ist ein guter, aber junger Blender, nicht jagdbar für dieses Urland.

Kaum sind wir am Lagerfeuer, als langsam aus demselben kleinen Fichten-einstand und auf demselben Wechsel, den der eben beschriebene Elch genommen hat, ein zweiter, gewaltiger, schwarzer Wildkörper auftaucht. Gerade reicht das Büchsenlicht noch, ihn anzusprechen. Es ist ein hochkapitaler, alter Moose mit kurzer, dicker Bell und Schaufeln, die dem meinen an Länge gleich-kommen, aber an Breite erheblich übertreffen. Ganz vertraut zieht er über eine Schotterhalde auf 250 m am Lagerfeuer vorbei. Oft bleibt er stehen und lässt uns sein urgewaltiges Geweih von allen Seiten betrachten. Der hat wohl über 150 cm Auslage und sicher über 30 Enden. Das ist der richtige Elch für Werner, und ich freue mich schon darauf, ihm seinen Einstand verraten zu können. Die oberen Lagen des Tales dieses Flusses, und zwar dort, wo seine Quellbäche sich spreizen wie die Finger einer Hand, sind überhaupt eine hervorragende Elchgegend. Auf seiner Sohle befindet sich eine große Schwefellake, zu der von allen Seiten tief ausgetretene Wechsel führen. Dichter, dunkler Weißfichten-urwald in den unteren Lagen gibt warme Wintereinstände, und überall sind unabsehbare Flächen mit Weiden und Zwergbirken bestockt, zwischen denen saftige Gräser und Lupinen wachsen, so dass überreiche Äsung für das starke Wild vorhanden ist. Übrigens zieht auch das andere Schalenwild, wie Schaf, Ziege und Deer, manchmal hinab zur Lake. Deshalb macht sich der Wolf diese Gelegenheit zunutze und lauert oft an solchen Plätzen dem Wilde auf. Wir fan-den rings um die etwa 1 ha große Lake massenhaft Wolfslosung und Knochen von Wildschaf und Schneeziege. Wenn man sich hier einmal einige Wochen aufhalten und allabendlich auf einem der umliegenden Hügel mit gutem Wind ansetzen könnte, würde man bestimmt eine große Strecke an Wölfen machen und vieles andere kapitale Wild in Anblick bekommen.

Für die Nacht rollen wir uns nahe ans Feuer. Zwei alte, trockene Schwarz-fichtenstämme geben wohlige Wärme. Der eisenharte Trapper hat sich zum Übernachten nur ein zweites Hemd mitgenommen, das er über das andere zog. An einen Fichtenstamm gelehnt, schläft er bald ein, während ich in den

Schlafsack krieche und damit dem Beispiel der anderen folge. Durch ein leises Geräusch werde ich nachts wach; denn wenn ich unter freiem Himmel schlafe, habe ich stets einen tierhaft leisen Schlaf. Dörr versorgt das Feuer neu, und während wir leise von der fernen Heimat an den lodernden Flammen plaudern, huschen am nächtlichen Himmel zuckende und wieder erlöschende, schwefelgelbe und kobaltblaue Nordlichter hin und her. Neben uns rauscht das eiskalte, klare Gletscherwasser des Baches über rundgeschliffene Steine, und im Genadel der Schwarzfichten, die sich als dunkle Gestalten regungslos gegen das mitternächtliche Firmament abheben, harft leise der Wind. Sachte beginnt es aufs Neue zu schneien. Jedes Mal, wenn wir ein neues Stück Holz aufs Feuer werfen, schlägt die Flamme aus der Glut hochauf und leckt an dem überhängenden Geäst der Weißfichten hinauf. Dann beginnen Tausende von Nadeln zu glühen. Mit leisem Knistern zerknallen sie, und ein ganzer Regen glühender Sternchen rieselt herab.

Einmal schwebt lautlos ein mächtiger, heller Uhu heran und blockt über uns auf der Querstange des Halbzeltes auf. Mit seinen riesengroßen, prachtvollen, orangefarbenen Augen betrachtet er uns eine Weile verwundert. Dann gleitet er wieder kaum hörbar davon. Aber aus dem tiefen Dunkel des Waldes ertönt jetzt gellend kreischend sein wilder Schrei, der so gar keine Ähnlichkeit mit dem üblichen runden, tiefen Ruf hat, dem er seinen Namen verdankt.

9. SEPTEMBER. Der Schnee ist inzwischen wieder zu Regen geworden, und in tropfender Nässe kochen wir Tee und essen unser Frühstück. Dann geht es im Eiltempo über die Kiesbänke der Talsohle und durch Buckbrush-Dickungen zum Lager zurück. Unterwegs sehe ich noch eine herrliche, fast hähergroße Rotdrossel mit prachtvoll rostroter Brust und ebenfalls rotem, schwarzgestreiftem Kopf.

Am Lager angekommen, treffen wir Werner noch immer nicht an. Wir trocknen unsere Sachen, und ich beginne mit Tagebuchschreiben. Plötzlich draußen ein lauter Juchzer. Ich laufe vor das Zelt – Werner und seine Leute sind angekommen! Fragen und Rufe erklingen. Schwer mit Beute bepackt stehen schon die regennassen Pferde müde am Lager. Ein unerhörtes Waidmannsheil war meinem Freunde beschieden worden. Er hat einen kapitalen, alten männlichen Grizzly, einen sehr starken Schneeziegenbock und zwei recht gute Stone Schaf-Widder erlegt.

Abends am flackernden Lagerfeuer erzählt Werner seine Erlebnisse: „Ich war mit Curly und Clyde über den Gebirgszug, der den Prophet River begleitet, gezogen, und das weite, von vielen Schluchten durchzogene Tal des Moskwa River lag vor uns. An einem windgeschützten Platz nahe der Waldgrenze schlugen wir das Halbzelt auf.

Gleich am nächsten Tage gingen Curly und ich auf Großpirsch. Nach 1–2 Stunden sahen wir in einer weit entfernt liegenden, tiefen Mulde einen sich langsam bewegenden dunklen Punkt. Es konnte ein Elch, ein Caribou oder ein Bär sein. Der Wind stand uns günstig ins Gesicht, und so kamen wir in dem deckungslosen Gelände langsam immer näher heran und erkannten einen sehr starken, dunklen Grizzlybären, der Curly in maßlose Aufregung versetzte. Der Bär war unaufmerksam, und es gelang uns, auf eine Entfernung heranzukommen, die mir für meinen Doppelbüchs-Drilling nahe genug erschien. Aufgelegt auf einen kleinen Hügel visierte ich den Bären an und drückte ab. Der Drilling machte ‚Klick!‘, und im gleichen Augenblick wusste ich, was ich gemacht hatte. Ich hatte die Waffe auf den glücklicherweise leeren Schrotlauf eingestellt gehabt, da ich am Tage vorher beim Anstieg ein Schneehuhn geschossen hatte. Im selben Moment kam mir die Besinnung wieder. Ich schätzte die Entfernung nochmal ab – 100, 200, 300, 400, 500 m mindestens! Dann sagte ich dem hinter mir vor Aufregung schnaufenden Curly: „Bleibe hier, ich gehe näher heran!“ Du weißt, dass jeder Bär schlecht äugt. So kam ich bei dem guten Wind einige hundert Meter näher an ihn heran. Ich nahm mich zusammen, zielte sehr vorsichtig, und im Knall biss sich der Bär auf der Einschuss-Seite in die Blattgegend. Dann raste er mit D-Zug-Geschwindigkeit bergab und war sehr bald hinter einem Bergkamm verschwunden. In der Aufregung gingen Curly und ich nicht, wie es richtig gewesen wäre, auf den Anschuss, sondern gleich auf die Stelle zu, an der der Bär über den Kamm geflüchtet und verschwunden war. Dort angekommen, sahen wir, dass sich vor uns zwei tiefe Schluchten teilten, die eine nach rechts, die andere nach links. Ich selber suchte mit dem Glase die linke Schlucht ab, fand aber nichts. Curly hatte indes nicht etwa die rechte Schlucht mit seinem Auge abgesucht, sondern das freie Gelände tiefer unten, da er der Überzeugung war, der Bär sei gefehlt. Da sah ich in der rechten Schlucht einen großen, dunklen Klumpen liegen und zeigte ihn dem Trapper. Der sagte sofort: „Das ist der Bär!“ Und nun näherten wir uns bis auf kurze Entfernung. Ich hatte den entsicherten Drilling in den Händen, und

Curly warf ein paar Steine nach dem Bären. Er rührte sich nicht. Dann gingen wir noch näher heran, und Curly stieß vorsichtig mit seinem Bergstock in die Decke des starken Raubtieres. All diese dramatische und aufregende Vorsicht war nicht mehr nötig. Der Bär war verendet, und wir standen vor einem uralten, riesigen männlichen Grizzly, wahrscheinlich demjenigen, den Curly vor Jahren in dieser Gegend gesehen und von dem er uns immerzu erzählt hatte. Mit dem Abschärfen der Decke und dem dann folgenden Heimweg ging der Tag zu Ende.

Einige Tage später führte mich Curly in eine Gegend, in welcher er Wildschafe vermutete. Wir sahen auch gegen Mittag ein kleines Rudel von 3 starken Widdern. Sie standen sehr weit, das Gelände war wie gewöhnlich bei Wildschafen offen und schwierig. Über eine Schotterhalde von kleinem, losem Geröll, in das ich immerzu bis zum Knie einbrach und das unter meinem Gewicht ständig ins Rutschen geriet, arbeitete ich mich näher heran. Inzwischen hatten uns die Widder bemerkt, wurden durch ein großes Kar flüchtig und wechselten über die Schneid desselben in das nächste. In einer sehr anstrengenden, stundenlangen Pirsch kam ich endlich auf dem Grat an und hatte die Widder beim Herauslugen wieder vor mir. Ich suchte mir den stärksten aus. Er brach mit gutem Schuss im Knall zusammen und kollerte die steile Steinhalde hinab. Wir schleppten die Trophäe, die Halsdecke und so viel wir an Wildpret tragen konnten, zum Lager mit.

Am nächsten Tage sahen wir auf einem hohen, sehr steilen Berg auf weite Entfernung einen einzelnen starken Schneeziegenbock stehen. Ich wollte Curly bereden, ihn sofort anzugehen. Aber der alte Trapper, welcher die Wildschafe jagdlich weit höher einstufte als die Schneeziegen, sagte kurz: „No, not yet, sheep first!" So ließen wir den Schneebock stehen und wandten uns in ein anderes für Wildschafe günstigeres Gebiet. Bald entdeckten wir ein größeres Rudel, unter dem sich wieder mehrere gute Widder befanden. Nach einer großen Umgehung gelang es mir, auf Schussnähe heranzukommen, und auch hier streckte ich den besten Widder mit guter Kugel.

Am Tage darauf sollte nun die Pirsch auf den einzelnen starken Schneebock gewagt werden. Schneeschauer wechselten mit helleren Momenten. Während eines solchen sahen wir den Schneebock wieder auf seinem alten Platz stehen. Eine ungeheuer mühselige, steile Kletterei begann. Als wir schon fast auf der Höhe seines Standortes angekommen waren, setzte ein wüster Schneesturm ein, der uns jede Sicht nahm. Es blieb uns nichts anderes übrig, als uns hinzusetzen und zu warten. Das Unwetter wollte nicht nachlassen. Wir sahen aus wie die Schneemänner und froren jämmerlich. Schließlich machten wir aus, umzukehren, wenn bis um 12 Uhr mittags der Schneesturm nicht aufhören würde. Drei Minuten vor 12 Uhr brach die Sonne durch. Ich ließ Curly zurück und kletterte weiter. Bei jedem Schritt war es mir, als wenn der Berggeist sich an meine Rockschöße gehangen hätte, um mich zurückzuhalten von seinen Schützlingen. Die Muskeln mussten ihr Letztes hergeben. Schließlich gelangte ich auf einen Grat, von dem aus ich die Stelle, wo der Bock gestanden hatte, überblicken konnte. Meine Enttäuschung war groß, als ich sah, dass sie leer war. Vor mir erhob sich ein zweiter Grat. Da ich annahm, dass der Bock vielleicht über diesen in ein anderes Basin gezogen sei, kletterte ich dorthin nach. Als ich völlig ausgepumpt und mit zitternden Beinmuskeln am Grat angekommen war, sah ich den Bock plötzlich auf der anderen Seite direkt steil unter mir stehen. Er hatte aber schon irgendetwas von mir bemerkt; denn er äugte sofort zu mir herauf. Da ich von Curly wusste, dass die Schneeziege ein ungeheuer hartes Wild ist, nahm ich mir vor, sofort beide Kugeln des Doppelbüchs-Drillings auf den Bock zu verschießen. Er stand spitz von vorne. Ich schoss die erste Kugel und die zweite fast im selben Augenblick auf seinen Stich. Der Bock lag im Knall und rollte abwärts.

Als wir nach dreiviertel Stunden bei dem mächtigen Wild ankamen, sah ich, dass beide Kugeln nur wenige Finger breit nebeneinander saßen. Es war einer der stärksten Schneeziegenböcke, die jemals in Britisch-Kolumbien erbeutet worden sind. Die Krucken hatten eine Höhe von 23 cm. Das etwa 300 Pfund schwere Wild bot mit seinem wehenden, wohl 20 cm langen, weißen, zottigen Haar einen überwältigenden Anblick. Erneutes Unwetter brach ein. Wir schärften die Halsdecke und die Trophäe ab, aber vom Mitnehmen des Wildprets wollte Curly nichts wissen. Er meinte, Schneeziege sei im Vergleich zum Wildschafwildpret ungenießbar.

Auf diesen Pirschgang war Clyde auch mitgegangen. Wir hatten ihn aber schon vorher rechtzeitig abgelegt. Als wir nun endlich todmüde und bis auf die Haut durchnässt an unserem kleinen Lagerplatz angekommen waren, bot sich uns ein unerfreuliches Bild. Ein Bär hatte das Lager gefunden und alles durcheinander gewühlt und zerstreut. Von unserem Schafwildpret, auf das wir uns auf dem Heimweg jeder im Stillen so sehr gefreut hatten, war nichts mehr übrig. Aber eine Tasse schnell zubereiteten starken Tees brachte uns bald wieder in Stimmung. Jeder kroch in seinen Schlafsack, blinzelte unter der wieder aufgespannten Zeltleinwand in den großen blauen Raum über uns, in dem die Sterne funkelten, und wir schliefen wie die Toten.

10. SEPTEMBER. Es schneit in dicken Flocken. Wir bleiben im Lager und erzählen uns das Erlebte. Werner stopft kunstvoll mit Bindfaden seine im Buckbrush vollkommen zerrissenen Strümpfe. Eben misst die Trophäen aus und errechnet die Punktzahlen nach den internationalen Formeln. Bald ist um die Zelte alles weiß. Gegen Abend hört es auf zu schneien, und schnell taut die weiße Decke weg. Nach dem gemeinsamen Abendessen kommt Ted in unser Zelt und sagt, er sähe jenseits des Flusses auf einer alten Brandfläche einen Moose. Wir springen alle mit unseren Gläsern vors Zelt und sehen weit jenseits des Prophet vier sich hin und her jagende Schaufler, von denen zwei sehr stark sind. Bei dem einen sieht man, wenn er spitz steht, die weißen, breiten Schaufeln auf eine Entfernung von über 2 km wie große Bretter aufleuchten. Für mich ist doch von allem hiesigen Wild der urgewaltige Elch das reizvollste und schönste. Den mehr sportlich eingestellten Amerikaner reizt das Wildschaf am meisten. Aber die meisten deutschen Jäger ziehen den Elch, schon wegen seiner mächtigen, imposanten Trophäe, allem anderen Wilde vor. Die starken Schaufler scheinen nun alle gefegt zu haben, es kommt Unruhe in dieses Wild. Die ersten Kämpfe beginnen, die Brunftzeit ist nicht mehr fern, und bald wird unser stilles Tal belebt sein von umherziehenden Schauflern; denn das gewaltige, schwarze Urwild sucht nun nach brunftigem Mutterwild.

11. SEPTEMBER. Werner, Curly, Ted, Clyde und ich ziehen bei schönem Wetter mit Packpferden und einem Halbzelt (sog. Lintuch) ins Quellgebiet des Propheten. Unterwegs sehen wir 10 Stone Schafe, alles Mutterwild und geringe Widder. Auf meinem Aussichtsplatz, von dem ich meinen starken Schaufler zuerst sah, entdeckt Ted mit seinen vorzüglichen Augen einen Schaufler auf etwa 1600 m. Bei näherer Betrachtung stellen wir fest, dass es ein alter, enggestellter Hirsch ist, der unten gute, oben aber fast keine Enden in den langen Schaufeln trägt. Auf derselben Felsterrasse, auf der ich kürzlich die zwei Billy Goats sah, treibt sich wieder eine einzelne Schneeziege, sicherlich ein Bock, herum. Es ist aber viel zu spät, sie anzugehen, da das Einfangen der Pferde mal wieder bis Mittag dauerte. Ich pirsche noch zu meinem Mooseluder, aber weder Bär noch Wolf hatten es angenommen. Dörr und Eben sind mit meiner Brenneckebüchse zu meinem Caribou am Pass gezogen. Es ist empfindlich kalt und auf den Bergen liegt viel Schnee.

12. SEPTEMBER. Werner geht mit Ted auf den Kapitalschaufler, den ich an unserem „Indianercamp" gesehen hatte. Ich ziehe mit Curly los ins obere mittlere Basin (Kar) des Prophet River. Nach einigen Stunden passieren wir die Terrassenwände der Schneeziegen. Sie sind heute leer. Curly glaubt, das weiße Wild sei im mittleren Basin. Um dorthin zu gelangen, müssen wir eine große Dickung zwergwüchsiger Balsamtannen durchqueren. Es ist die zäheste und dichteste Dickung, die ich bisher durchschritten habe, und das will schon was heißen. Der Fuß kommt fast nie mit dem Boden in Berührung, immerzu tritt man auf die schräg über den Boden wuchernden Äste. Es ist unmöglich, auch nur einen Zweig dieser vom Teufel erfundenen und von den Berggeistern zum Schutz ihrer Einsamkeit dankbar aufgenommenen Holzart zu brechen. Sie biegt sich nach allen Seiten, aber an Brechen denkt das Zeug nicht.

Endlich gewinnen wir in das mittlere Kar Einblick und sehen auf eine Meile Entfernung einen dunklen Punkt, den Curly für einen Moose hält. Durch mein gutes Glas erkenne ich aber gleich einen Grizzlybären, der langsam über der Buckbrush Region an der Schneegrenze in großer Höhe auf uns zuzuschreiten scheint. Mit gravitätischen Schritten, die scheinbar langsam, aber in Wirklichkeit sehr räumend sind, bewegt er sich, hie und da stehenbleibend und windend. Curly hält ihn für einen big, old Grizzly, während ich ihn als Mittelbären anspreche. Allerdings hat man auf dem kahlen Hang keinerlei Vergleichsobjekte, um Schlüsse auf seine Stärke ziehen zu können. Er scheint auf einen großen Felsen hinstreben zu wollen, unter dem senkrecht abfallende Wände eine wasserrauschende Klamm einschließen.

Ich überlege mir, dass der Bär um den Felsen herum am Rande des Cañons gerade zu uns heruntersteigen würde, da er die lotrecht abfallenden Wände der Schlucht nicht hinab könne und oben im Schnee wegen des dortigen völligen Fehlens von Wildbeeren nichts zu suchen habe. Curly meint aber, er würde oberhalb der Schlucht entweder den Wildbach kreuzen oder oben ganz hoch im Schnee über den Sattel an den Gletschern zur Moskwa überwechseln. Da er der amtliche Guide (Führer) ist, muss ich nachgeben, und wir steigen auf der anderen Seite des Gletscherbaches mühsam auf. Dabei überriegelt uns ein Balsamlatschenrücken, und wir verlieren die Sicht in den Bach und in die großen Felsköpfe, hinter denen der Grizzly, der übrigens ein schönes, helles Kreuz über den Rücken trägt (sog. Silvertyp), verschwunden war. Mühsam erreichen wir endlich die Schneegrenze. Weder diesseits noch jenseits vom Bache ist vom Grizzly etwas zu sehen. Auch mit den Gläsern finden wir keine Fährte auf den meilenweiten Schneefeldern. Nun reizt es mich festzustellen, ob der Bär wirklich über den Hochsattel ins Moskwatal gestiegen ist. Ich stapfe im Schnee voraus, der immer tiefer wird. In der hohen Luft habe ich so guten Atem, dass diesmal Curly kaum folgen kann. Um 3 Uhr nachmittags haben wir die tief verschneite Passhöhe am Gletscher erreicht. Wir finden die Fährten von einem Caribou, vier Schafen und zwei Schneeziegen, ferner die Spur eines Wolfes, eines Fuchses und eines Wolverine (Vielfraß). Der Bär aber war, wie ich mir dachte, nicht hinaufgewechselt. Auf dick verschneiten Felsbrocken frühstücken wir, und ich mache mehrere Aufnahmen der hier oben märchenhaften, gewaltigen Szenerie.

Ein eiskalter Wind jagt lange Rauchfahnen von Pulverschnee über uns weg, an den schroffen Felswänden hängen baumlange Eiszapfen herab.

Blau durchfroren treten wir auf der anderen Bachseite den Rückmarsch an. Waren wir vorher hundertmal in die verborgenen Löcher der Balsamtannendickungen gefallen, so treten wir nun in überschneiten Trümmerfeldern in ebenso viele versteckte Spalten, aus denen wir uns oft nur mühsam und mit zerschundenen Knien befreien können. An den Felsen, an denen ich den Grizzly zum letzten Male gesehen hatte, finden wir seine abwärtsstehende Fährte. Er wäre uns gerade in die Büchse gelaufen, wenn wir ihn an dem unteren Felskopf, den ich mir ausgesucht hatte, erwartet hätten.

Neben mir flötet ein Hahn des hochalpinen kleinen Schneehuhnes (Lagopus leucurus) eine melodische Strophe. Es ist eine andere Art als das in den tieferen Lagen sehr häufig vorkommende, mit lautem „Garr-Garr-Garr" aufstehende, größere Schneehuhn (Lagopus rupestris). Überall pfeifen die Murmeltiere ihr den pirschenden Jäger stets verratendes Warnungssignal.

Da der Bär nun seit vielen Stunden verschwunden ist und weit und breit keine Schneeziege zu sehen, schieße ich mit dem Schrotlauf des Drillings einen alten, sehr starken Murmelbär, der auf einem Felsen wie ein Hase „Männchen" machte, herunter. Leider fällt er in einen senkrecht abfallenden Felsenbau, aus dem wir ihn nicht bergen können. Auf 150 m springt aber nun ein anderer, hart am Rande der Klamm, auf einen großen Stein. Ich setze das Fernrohr auf, und im Knall fällt er hoch im Bogen hinab in den Cannon, worauf ein anderes Murmeltier blitzartig seinen Platz einnimmt, um ein paar Sekunden später ebenfalls, von meinem Spitzgeschoss getroffen, in die dunkle Tiefe geworfen zu werden. Vom Rande der Klamm aus sehe ich sie mit dem Fernglas tief unten im rauschenden Wasser, eingekeilt zwischen Felsblöcken, liegen. Curly meinte zwar, man könne dort nicht hinabsteigen. Als ich aber vorgehe; leidet es seine Ehre nicht, oben zu bleiben und er folgt. Gut unten angekommen, ziehe ich die fast dachsgroßen, schweren Nagetiere aus dem Wasser, und wir balgen sie gleich im schneidenden Zugwind der engen, kaminartigen Schlucht ab. Ich freue mich, zwei interessante Museumsstücke mit herrlichem Balg mit nach Deutschland bringen zu können.

Auf dem Heimweg in der Talsohle legt Curly wieder das übliche kanadische Trappertempo vor. Diese Leute haben stets, wie auch in Norwegen, die größte Besorgnis, das Lager nicht mehr bei Helligkeit zu erreichen. Sie schauen dann nicht rechts und links, sondern ziehen ab wie ein angeschossener Elch. Da ich sicher war, nicht in die Dunkelheit zu geraten, ging ich mein übliches, auf Wild abgestelltes Tempo und entdecke dann auch noch einen Elch im dichten Timber, von dem ich allerdings nur die Keulen sehe, und auf den neben den Terrassenbergen liegenden Wänden eine sehr hoch stehende Schneeziege. Wieder einmal komme ich mit Muskeln, die ihr Letztes hatten hergeben müssen, am Camp an. Werner hat auch nur einige weibliche Schafe und eine Schneeziege, leider keinen Schaufler gesehen.

13. SEPTEMBER. Es schneit und regnet, ein starker Wind weht in unser Halbzelt, und nachts war wieder das Feuer ausgegangen. Wegen der patschnassen Zwergbirken und mangelnder Sicht in den Bergen bleiben wir im Camp. Werner schießt ganz in der Nähe zwei der herrlichen rotbrüstigen Drosseln für unsere Sammlung. Wir bauen das Halbzelt um, da der Wind sich gedreht hat und der Regen hereinpeitscht. Es ist kein Vergnügen, mit eiskalten, nassen Pfoten auch noch Tagebuch zu schreiben. Nebenbei gibt es viel Arbeit mit dem sauberen Präparieren der Whistler (Murmeltiere), bei der Werner entschieden die beste Hilfe leistet. Die Fleischmuskulatur der Köpfe brät er als kleine Steaks, die ausgezeichnet schmecken. Werner selbst isst die Zunge und behauptet, sie habe Mandelgeschmack. Curly erzählt am Abend aus der alten Zeit des Nordens, dem Unwert des Geldes, wenn die Menschen Hunger haben, und von der allmählichen Eroberung dieser Gebiete durch das Flugzeug. „Wohin das Flugzeug kommt, stirbt die Wildnis", sagt er.

14. SEPTEMBER. In der Nacht bin ich zweimal aus dem Schlafsack gekrochen und habe das Feuer versorgt. Unter ihren Zeltplanen lagen die anderen und schnarchten. Funken stoben aus den brennenden Stämmen, flogen wie verirrte, kleine Sterne hoch in die Luft und verloschen. Auf dem glimmenden Holz der Weißfichtenstücke hatten sich kleine, brodelnde Seen von geschmolzenem Harz gebildet, das ringsum einen wunderbaren Duft verbreitete. Die fünf dicht um das Lager herumstehenden Fichten wurden vom lodernden Feuerschein übergossen, und hoch über ihnen trieben helle Wolken im Wind. Manchmal erglühten sie im Norden, wie vom huschenden Gelblicht großer Scheinwerfer angestrahlt. Die ersten Nordlichter kündeten den Übergang zum langen kanadischen Winter an.

Gegen Morgen hören die leichten Schneeschauer auf, aber ich habe schlechtes Wetter für den Nachmittag in der Nase.

Werner und ich marschieren frühzeitig mit Ted und Curly los in die oberen Lagen des Prophettales. In Höhe meines Mooseluders trennen wir uns. Ich pirsche mit Curly an den Rest des Elches, Werner geht mit Ted in das hügelige Waldgelände auf einen Schaufler. Das Luder ist außer von Raben und Grauhähern noch immer nicht von Raubwild angenommen. Wir umschlagen daher die große Alkali-Lecke im Talgrund und haben die Absicht, in die Hochlagen des linken, großen Seitentales auf Schneeziegen zu pirschen.

Dieser breite, ausgedehnte Kessel speist mit seinen aus der Ferne gleißenden Gletschern und Schneefeldern ebenfalls durch einen rauschenden Bergbach die Gewässer des Prophet River. Durch die Talsohle führt aber kein einziger gangbarer Elchwechsel, dichtes Bergbirkengestrüpp verwehrt uns das Eindringen. Da wieder Regen und Schnee eingesetzt haben, sind wir in kurzer Zeit nass bis an den Bauch. Wie immer rings um mich her bei jedem dritten oder vierten Schritt die Wände der Berge mit den Augen absuchend, fällt mir rechts oben an der Schneegrenze ein dunkler Punkt auf, und als ich ihn durchs Glas betrachte, erkenne ich einen beinahe schwarzen Grizzlybären. „By God, a bear", sagt nun auch Curly. Das dunkle Raubwild scheint sich an Moos- und

Seifenbeeren gütlich zu tun und wir müssen, ehe wir einen Plan machen, warten bis wieder Bewegung in ihn kommt. Das dauert auch nicht lange. Mit weit ausholenden Schritten strebt der Grizzly auf die vorspringende Nase des Berges zu und hat augenscheinlich die Absicht, in einer von der Talsohle aus mit meinem Drilling unerreichbaren Höhe die Terrassenstufen zu ersteigen. „Mache nun wie du es willst, Count", sagt der Trapper, obschon ich ihm wegen der verfehlten Pirsch von vorgestern nicht den leisesten Vorwurf gemacht habe. Aber er scheint seiner Sache diesmal nicht sicher zu sein, und darin hat er Recht; denn der Wind schlägt dauernd um. Es kommt mir vor allem darauf an, den Bären nicht mehr aus den Augen zu verlieren, und es scheint so, als wolle er über jene Schotterhalde wechseln, auf welcher kürzlich der meinem Freunde zugedachte Kapitalschaufler in entgegengesetzter Richtung gezogen war. Am unteren Ende der Steinriese liegen einige tief herabgekollerte Felsbrocken. Wenn es mir gelingt, rechtzeitig dorthin zu kommen, ist vielleicht ein sehr weiter Schuss möglich.

Aber viele hundert Meter dichtesten Bergbirken- und Balsamtannengestrüpps trennen mich von dieser Stelle. Ich mache Curly klar, dass er dicht hinter mir bleiben soll, da ich seinen gefüllten Packsack als Unterlage auf einem Felsen für den weiten Bergaufschuss benötige. Da fegt aus der Gletschermoräne ein dichter Schneesturm heran, der uns jegliche Sicht benimmt. Ich halte es für sehr unwahrscheinlich, dass der Bär die unter ihm voll nassem Schlackschnee hängenden Dickungen annehmen und auf uns zu wechseln wird und stürme daher, was Lungen und Beine hergeben können, schräg aufwärts durch das triefende, dichte Gestrüpp. Plötzlich stehe ich am wildrauschenden Quellzufluss des Prophet River. Weit jenseits, oben hoch im steilen Schotterhang des Berges ist der Bär. Der eiskalte Gletscherfluss trennt mich von ihm. Ich muss durch und wate ins Wasser, welches sich an meinen Oberschenkeln rauschend staut und mich sehr bald bis über die Hüften durchnässt. Auf der anderen Seite stemmt sich mir wieder das zähe Latschengestrüpp der Balsamtannen entgegen.

Endlich, nach wilder Anstrengung, habe ich den größten Felsblock am Auslauf des Steinlawinenstreifens erreicht. Es klärt sich für Sekunden etwas auf und ich sehe den Bären wieder, der genau dorthin wechselt, wo ich es mir gedacht hatte. Noch hundert Schritte, dann muss er aus dem ihn halbverdeckenden Gestrüpp herauskommen und die Steinhalde überqueren. Ebenso weit hinter mir sehe ich aber auch Curly mit seinem vom Pferde halb zerschlagenen Knie herumhumpeln. Ich winke ihm, sich zu beeilen, und bald habe ich den prallen Rucksack vor mir auf dem Felsklotz liegen und mache mich fertig zum Schuss. Die Entfernung beträgt zwar gut 500 m, aber es ist für mich die letzte Chance; denn jenseits der Halde beginnen wieder dichte Birken- und Gebirgsweidendickungen. Kaum habe ich mein in der Rocktasche wassersicher untergebrachtes Fernrohr auf den Drilling aufgesetzt und von den Lederkappen befreit, als wieder dichtes Schneetreiben das Okular des Glases volltreibt und jede Sicht unmöglich macht. Über die freie Büchse zu schießen, ist wegen der Entfernung nicht ratsam, und so wische ich schnell, so gut es geht, mit dem nassen Sacktuch die vorderste Linse blank und schütze sie mit der Hand. Sekundenlang lässt der Schneesturm nach, und da erscheint der Bär auf dem freien Geröll. Ziemlich hoch anfassend, lasse ich im Ziehen die Kugel fliegen. Der Bär verhofft im Schuss einen Augenblick und flüchtet dann in langen Fluchten über die Halde ins Gestrüpp. Ich weiß sogleich, dass ich gefehlt habe. Inzwischen habe ich eine neue Patrone im Kugellauf, und als der dunkle Geselle auf einer lichten Stelle in den Bergbirken eine Felsplatte ersteigt und aufmerksam nach allen Seiten windet, setze ich den Punkt des Fadenkreuzes im Zielfernrohr auf den obersten Rand seines mächtigen Fetthöckers und ziehe sachte den gestochenen Drücker ab.

Mit allen Vieren zugleich schnellt der Bär, wie eine mit dem Kleinkaliber getroffene Katze es zu tun pflegt, in die Luft, und im selben Augenblick trifft das wohlbekannte und so beglückende Geräusch des guten Kugelschlages mein Ohr. Dann sehe ich im dort niedrigen Weidicht einige rasende Fluchten, und plötzlich erblicke ich alle vier Pranken des Grizzlys in der Luft! Er rollt abwärts. Wieder fegt der Schneesturm über uns. Curly wischt an seinem Fernglas herum. „The Bear is dead", sage ich zu ihm, und auch er hat die vier Sohlen einen Augenblick in der Luft gesehen.

Es dauert eine gute Stunde, bis wir die steile, von Felstrümmern, Windwürfen und Sträuchern übersäte Strecke in die Nähe des Anschusses überwunden haben. Wieder ergeht es uns wie so oft in der Wildnis! Eine Gegend sieht nahebei oft ganz anders aus als von ferne. War uns unten nur der eine große Felsblock aufgefallen, auf dem der Bär gestanden hatte, so mussten wir nun feststellen, dass deren hier oben eine Unmasse umherlagen. Sie sehen zudem alle so ähnlich aus, dass wir im Zweifel sind, welches nun der richtige ist. Wir einigen uns auf den scheinbar größten und beginnen, unterhalb von ihm in den dick verschneiten Krüppelbirken zu suchen. Nach Schweiß oder Schnitthaar zu fahnden ist zwecklos; denn schon beim Aufstieg hatte der Blizzard wieder so toll eingesetzt, dass alles unter einer weißen Decke begraben war. In jeden dick verfilzten Birkenhorst dringen wir ein, jede tiefe Spalte zwischen den Gesteinstrümmern wird untersucht – – – vergeblich.

Da meint Curly, der Bär sei doch wieder auf die Läufe gekommen. Er habe das früher bereits einmal mit einem Bären, der Leberschuss hatte, erlebt. Wahrscheinlich säße der Grizzly unten in den dichten Balsamtannen im Wundbett, und wir sollten dort suchen.

Ich bin anderer Meinung und vermute, der Anschuss sei überhaupt viel höher an einem ganz anderen Felsblock. Curly streitet das entschieden ab. So weit könne es unmöglich sein. Schon bis hierher seien es gute sechshundert Yards, und das sei bereits weiter als der weiteste Schuss, den er bisher gesehen habe.

Wir trennen uns also. Curly, der kein Gewehr trägt, nimmt die Lederscheide von der Schärfe seiner Trapperaxt, denn er hat Respekt vor angeschweißten Grizzlys, und verschwindet unten in den Balsamtannen. Ich aber steige langsam höher hinauf, zu einem anderen Steinbrocken, der mich irgendwie anzieht.

Als ich bei ihm anlange und hinunterblicke auf die Stelle, von der aus ich geschossen habe, kam mir die Entfernung selber unwahrscheinlich vor. Dennoch beginne ich die unterhalb des Felsens befindlichen Krüppelbirken abzusuchen. Plötzlich stehe ich inmitten des dichten Gestrüpps vor einem weißbeschneiten Hügel, dessen rundliche Gestalt gar nicht in die kantigen Formen der umherliegenden Steintrümmer passt.

Ich stoße mit dem Fuß daran und fühle, dass die unter dem Schnee liegende Masse weich ist. Mein Herz tut einige laute Schläge vor Freude. Ich greife mit den Händen durch den Schnee – – – in die dichte, seidigweiche Decke des Grizzlybären. Schnell befreie ich ihn von seiner weißen Bedeckung. Die Kugel hat das Herz in der Mitte durchschlagen. Der Sprung des Raubwildes von seinem Ausguckfelsen war sein letzter gewesen. Dann hat ihn sofort der Tod ereilt.

Ich rufe Curly herauf. Der gute, alte, ernste Mann lacht über das ganze Gesicht vor Freude.

Es ist eine alte Bärin mittlerer Stärke, aber selten gut im Haar, da sie wohl ständig die hohen, kalten Lagen als Standort gehabt hatte. Die dichte Unter-

wolle ist tiefschwarz, die langen Granenhaare aber hellgelb, also fast der sogenannte Silvertyp, den die kanadischen Trapper besonders hochschätzen. Die
beim Grizzly stets hellen Krallen sind durch vieles sommerliches Graben nach
Murmeltieren und Packratten stark abgenutzt.

Nur die zweite Kugel hat, wie erwartet, gefasst. Sie sitzt tiefblatt und hat das
Herz durchschlagen. Der Ausschuss des neuen, vorzüglichen, offenen Hohl-
spitzmantelgeschosses der R.W.S. mit Scharfrand, 12,7 g schwer, des guten
alten Kalibers 8x57 J.R. mit 2,85 g R.S. ist talergroß und alles Wild, das meine
Jäger und ich mit dieser Patrone erlegten, ist entweder im Knall verendet oder
es hat nur mehr wenige Fluchten, wie bei Herzschüssen, gemacht. Sehr erstaunt
bin ich auch über die gestreckte Flugbahn; denn wenn man mit dem auf 100 m
genau Fleck eingeschossenen Fernrohr auf 500 m ein Bärenblatt oben anfasst
und findet dann die Kugel tiefblatt, so steigen dem praktischen Jäger leise
Zweifel an den ballistischen Berechnungen der Gelehrten über das Fallen des
Geschosses auf. Und wenn ein guter Grizzly, der doch als sehr zähes Wild gilt,
die neue Pille der 8×57 J.R. nicht verträgt, so kann man mit ihr getrost Großwild bejagen. Jedenfalls ist sie mir lieber als die Stricknadelgeschosse, die mit
astronomischer Geschwindigkeit durch die Lüfte rasen und die im kleinsten
Ästchen in der Wildnis schon von ihrem Bestimmungsort abbiegen. Auch der
in Kanada vielerfahrene Jäger, Trapper und Präparator Max Hinsche (siehe
sein ausgezeichnetes Buch „Kanada wirklich erlebt", Verlag Paul Parey, Ber-
lin11) hat stets den gleichen Drilling geführt und mit ihm sogar mit der 8×57
im Yuckongebiet einen der riesigen Kodiak-Braunbären erlegt.

Curly sagt mir, dieser Schuss auf den Bären sei der weiteste erfolgreiche
gewesen, den er in seiner Laufbahn gesehen habe. Ich bin im allgemeinen
durchaus kein Freund von weiten Schüssen. In diesem Falle hätte ich aber
zweifellos den Grizzly nicht bekommen, wenn ich auf den Weitschuss verzich-
tet hätte. Der ganz ausgezeichnete Drilling, mit dem mir dieser Schuss gelang,
war eine Sonderanfertigung von Franz Kettner-Suhl. Auch die Schrotläufe hatten vorzügliche Schussleistungen.

Im dicken, verschneiten Gestrüpp ist es unmöglich, den Bären zu fotografieren. Wir schleppen ihn daher auf die Schotterhalde, und ich mache im dichten
Schneegestöber eine Zeitaufnahme. Gerade, als wir mit eiskalten Händen den

---

11   Anm. des Verlags: Auch im Severus Verlag als Neuausgabe erschienen.

Bären zur Hälfte abgeschärft haben, kommt die meinen Bildern so oft abge-
neigte Sonne hervor, verwandelt den Schnee in nassen Matsch und schaut uns
hohnlächelnd an. Nasser als bis auf die Haut kann man nicht werden, und deshalb ist uns beim Abstieg und Heimweg der Buckbrush und der rauschende
River gleichgültig, es geht immer mitten hindurch. Das tut vor allem unseren
in Schnee und Wasser und Kälte gänzlich gefühllos gewordenen Beinen und
Füßen, die über jeden Stein und jede Wurzel stolpern, besonders gut. Sie sind
bald wieder eingespielt.

Am Lager angekommen, treffen wir Werner schon an. Er hat leider keinen
Moose zu Gesicht bekommen, auf dem Heimweg aber einige Schneehühner
und Fool hens (eine Art Waldhuhn) geschossen, die vortrefflich schmecken.
Seine Freude über meinen Grizzly ist mindestens ebenso groß wie meine über
seinen starken, männlichen Bären, und beim Trocknen der nassen Sachen geht
das Erzählen los und dauert bis lange in die Dunkelheit. Mit seiner tiefen, ruhi-
gen Stimme erzählt der alte, kraushaarige Trapper Curly aus seinem Leben:

„Der Grizzlybär ist meistens ein scheues Wild. Aber bisweilen greift er doch
den Menschen an. Ich geriet einmal, als ich im Herbst meine Trappline in Ordnung brachte, in einer Schlucht ungewollt zwischen eine Altbärin und ihre
beiden Jungen. Die Kleinen begannen, als ich nahe bei ihnen auftauchte, ein
miauendes Konzert. Sofort bekam ich Angst, die Alte könnte es hören. Kaum
hatte ich die Büchse von der Schulter gerissen und meinen schweren Fallen-
pack abgeworfen, als sie auch schon da war. Ich musste auf drei Schritt Entfernung schießen. Im nächsten Augenblick lag ich am Boden und die schwer ver-
wundete Bärin über mir. Sie biss mir in die dicke Wolljacke und hustete einen
Haufen von Lungenschweiß in mein Gesicht. Aber es war mir gelungen, ihr
die Mündung meines Gewehres an die Kehle zu setzen. Unter dem schweren
Gewicht liegend, fand ich endlich den Abzug, und der Schuss zerschmetterte
ihr von unten her den Schädel. Ich brauchte eine Weile, ehe ich mich von der
Last befreit hatte. Meine Glieder waren heil, ich hatte nur einige Bisswunden in
den Brustmuskeln und war rot vom Schweiß der Bärin und vom eigenen Blut.

Es gibt auch hie und da Charaktere unter den Grizzlys, die ohne jeden Grund
den Menschen angreifen. Ein Freund von mir, ein grauhaariger Norweger, war
eines Abends von seiner Trapper Cabin zum wenige Schritte entfernten Creek
gegangen, um Wasser zu holen. Dabei hatte ihn ein alter, männlicher Bär überfallen und ihm mit einigen Prankenhieben den Bauch aufgeschlitzt. Der Mann

lief mit nachschleifendem Gedärm zur Hütte zurück. Wir fanden ihn erst nach Wochen tot auf seinem Lager. Auf dem Tisch lag ein Zettel, auf den er mit Bleistift kurz vor seinem Tode den Hergang niedergeschrieben hatte. Die letzten Worte lauteten: ‚Es war ein großer Silvertip. Olaf.‘ Kurze Zeit darauf fing ich in einem Bäreneisen einen neun Fuß langen, ganz hellen, alten Grizzly, nahe an Olafs Hütte. Ohne Zweifel war es sein Mörder. Dieser Bär war sehr böse. Er nahm mich, das schwere Eisen mit dem langen Holzanker wie wild um sich schlagend, sofort an, aber ich erschoss ihn rechtzeitig.

Einem anderen Kameraden, der erst vor kurzer Zeit angefangen hatte zu trappen, war es übel ergangen. Ein befreundeter Indianerhäuptling meldete mir, die Hütte des jungen Dänen sei anscheinend seit drei Monaten unbewohnt. Ich machte mich sofort auf, den Kameraden, der vier Tagesritte entfernt seine Cabin hatte, zu suchen. Ich wusste, er besaß zwei große Bäreneisen. In der Hütte sah ich nur eines an der Wand hängen und nahm gleich an, ihm sei beim Stellen des anderen Unglück zugestoßen.

So hielt ich Umschau und fand, für einen guten Bärenfangplatz könne eigentlich nur das Gelände oberhalb der Hütte in Frage kommen. Es war ein kleiner, alter Wald, in welchem viele große Felsen und morsche Bäume umherlagen. Als ich ihn durchschritt, sah ich von weitem eine alte Fichte, deren unteres Stammende weiß leuchtete, weil dort die Rinde fehlte. Das musste einen Grund haben. Ich ging näher heran und fand das Skelett des Trappers. Seine beiden Hände saßen zwischen den Bügeln des Bäreneisens. Das Eisen selbst war mit einer Kette und einem Hängeschloss am Stamm der Fichte befestigt. Alles war klar. Der Mann hatte das Eisen fängisch gestellt und die Sicherungshaken von den Federn gedreht. Dann hat er wohl den Teller noch etwas besser mit Fichtennadeln verblenden wollen, und in seine Hände wird ein kleiner Stein geraten sein, der mit den Nadeln auf den Teller fiel. Das Eisen war in die Höhe gesprungen und hatte beide Hände des Trappers am Gelenk gefasst. So ist der Mann unter wahnsinnigen Schmerzen verhungert. Es ist ja unmöglich, die Federn solcher starker Eisen ohne Stellschraube nur mit den Füßen herunterzutreten. Und der Schlüssel zum Kettenschloss befand sich in der Hosentasche des Mannes. Er musste tage-, vielleicht sogar wochenlang getobt und geschrien haben. An der Fichte war unten kein Stück Rinde mehr, und der ganze Erdboden war aufgewühlt. Well, dieser Mann war ein Greenhorn; denn ein alter Trapper nimmt erst die Sicherung fort, wenn alles fertig ist.“

Flackernder Feuerschein huschte über mein am Baume hängendes Bären-
fell, und überglücklich kroch ich in den Schlafsack.

15. SEPTEMBER. Als mir Curly das Zuckersäckchen reicht, mit dem ich den all-
morgendlichen Porridge (Haferflockenbrei) bestreuen soll, und ich Umschau
nach einem Löffel halte, sagt der Trapper: „Nimm deine Hand, Hände sind
früher erfunden worden als Löffel!"

Wir sprechen beim Frühstück davon, dass es Menschen gibt, welche die
Wildnis nicht ertragen können und in derselben geistesgestört werden. Clyde,
der horse wrangler (Pferdebetreuer), der riesige, starke, ehrliche Bursche
erzählt folgende Geschichte: In einem nördlichen Goldwäscherlager war ein
Mann, der dort einen kleinen Laden zum Einkauf der nötigen Lebensmittel
aufgemacht hatte, plötzlich verrückt geworden. Er verkaufte nichts mehr, sondern fütterte Mehl, Zucker und Brot an die Pferde. Wenn man ihn daran hin-
dern wollte, tobte er. Schließlich sagten ihm die 6 anderen Leute, dass sie ihn
erschießen müssten, wenn er keine Lebensmittel herausgäbe. Aber alles nutzte
nichts, er bedrohte die Leute noch mit der Axt. Da traten die Sechs mit ihren
Gewehren an, und als der Wahnsinnige vor der Tür erschien, schossen sie alle
gleichzeitig. Der Irre schleppte sich in seine Hütte, und am anderen Morgen
fanden sie ihn tot in seinem Bett, von Schüssen durchlöchert. Ein Drama aus
der Wildnis, das keineswegs einzig dasteht. – Werner geht heute auf Moose talabwärts. Ich verzichte auf einen Gang in die Gletscherberge, um einen Schneebock zu schießen; denn ich bin glücklich mit meinem Bären und meiner übrigen unerhört guten Strecke. Ich habe das schöne, weiße Wild der Hochberge
gesehen und beobachtet, das genügt mir. Außerdem gibt es heute viel Arbeit
mit dem Auslösen des Bärenschädels und der Pranken.

Werner kommt spät abends zurück, ohne einen Elch gesehen zu haben.
Ted, der dickschädelige Engländer, war, wie gewöhnlich ohne jede Rücksicht
auf den Wind, quer durch die besten Elcheinstände gerast.

16. SEPTEMBER. In der Nacht wolkenbruchartiger Regen. Wir schmieren
unsere Schuhe dick mit ausgelassenem Bärenfett ein. Der Grizzly hatte auf
dem Rücken handhohes Feist gehabt, von dem ich einen schweren Sack voll
auf dem Bergstock zum Camp geschleppt hatte. Beim Auslösen des Schädels
stellt sich heraus, dass die Bärin den Zähnen nach mindestens 10 Jahre alt war.

Da es Zeit wird, an den Rückmarsch zu denken, brechen wir zum Hauptlager auf und treffen dort nachmittags ein.

Dieser Heimweg zum Lager ist wieder ein unvergessliches Erlebnis. Die scharfe, zackige Säge der fernen, schneegekrönten Bergketten steht wie ein gewaltiger Kristall aus Amethyst gegen eine blassgrüne Luft von unbeschreiblicher Reinheit, deren zartes Licht in kaum merklichem Übergang gegen den Zenith zu in tieferes Saphirblau verschwebt. Eine schmale, lange Wolke, die im Westen liegt, ist wie das dunkelviolette Blatt eines riesigen Schwertes, dessen schartige Schneide in den Purpurfarben flüssigen Erzes glüht. In unergründlichen Tiefen der Täler ruht, unheimlich drohend, das Schwarzgrün unermesslicher Urwälder, die noch nie eines Menschen Hand verletzt hat. Und aus ihrem, von leichten Dämpfen überwallten Dunkel rauscht das monotone ernste Lied der Flüsse und Wildbäche. Ganz ferne steigt leise und klagend, stärker anschwellend und dumpf verklingend, ein unendlich trauriger Ton auf: des großen Waldwolfes schauriger Jagdruf. Weißwangengänse ziehen, zuweilen ihren metallischen Schrei ausstoßend, von Norden kommend, über das Land hinweg, das in all seinen Schrecken und Schönheiten noch so dalag, wie Gott es erschaffen hatte, und das ich nun mit heiliger Ehrfurcht und Scheu zum ersten Male betrete.

Eben und Dörr haben eine rechte Wildwestexpedition auf Schafe mit meiner Büchse gemacht. Sie kamen zwischen dem Caribougrat und dem Sheep Hill an ein Rudel von 15 kapitalen Widdern heran. Aber einer davon äugt Ebens Kopf auf der Schneid des Berges, und hochflüchtig geht die ganze Gesellschaft ab. Die beiden geraten in tiefen Schnee und Sturm, übernachten an der Timberline zur South Fork vom Moskwa und müssen schließlich, gänzlich ausgepumpt, zurück, da sie nicht genügend Lebensmittel haben. Nachts fressen ihnen die Packratten Tabaksbeutel und Handschuhe auf, knabbern meinen Gewehrriemen an und verschleppen Patronen. Nichts ist sicher vor diesen blaugrauen, unseren Siebenschläfern ähnlichen, großen Nagern.

Am Abend sägen wir mein Elch- und Caribougeweih mitten durch, da sich diese großen Trophäen leider nicht ungeteilt durch das wilde Urwaldgebiet fortbringen lassen. Und wieder sehe ich das Gespenstige, Unheimliche der folgenden Nacht vor mir. Ich habe trotz aller Übermüdung keinen Schlaf finden können. Irgendeine unerklärliche Unruhe hat mich befallen, so dass ich leise aus Schlafsack und Zelt heraus ins Freie krieche. Der ganze Himmel scheint in

Flammen zu stehen. Vom Polarstern aus ergießt sich strahlenförmig ein gelb-grünes Lichtbündel über drohende, schwarze Wolken, welche wie lauernde Raubtiere dick und geduckt im Osten liegen und sich unheimlich langsam heranwälzen. Plötzlich erlischt das Licht im Zenith. Doch gleich darauf kriecht aus den düsteren Ballen des Ostens eine breite, grünschillernde Schlange hervor, steigt, sich windend und wendend, am Nachthimmel empor, bekommt einen hellleuchtenden, züngelnden Kopf und gleitet geisternd in die dunklen Abgründe des Westens hinab. Dann huschen und flackern über das ganze Firmament gespenstige Feuer. Kaum ist ein Brandherd erloschen, so lodert bereits anderswo ein neuer auf. Nirgendwo findet das schweifende, rätselhafte Licht Ruhe, und wenn an einer Stelle für Augenblicke größte Helligkeit in schwefelgelben Tönen geleuchtet hat, bildet sich sofort darauf an einem anderen Platz eine neue, diesmal grünblaue Anstrahlung, welche die schwärzeste Wolke einfach zu verschlingen und aufzulösen scheint. Schwer und reglos liegen die dunklen Berge und Wälder, wie Symbole der Ewigkeit, unter den huschenden Geistern des Lichtes.

17. SEPTEMBER. Der letzte Abend im Hauptcamp am Prophet River! Wie als Abschiedsgruß lässt die wilde, herbe Jagdgöttin der nördlichen Rocky Mountains abermals über das ganze, von schwarzen Schneewolkenfetzen durchflutete Firmament ein flammendes, grelles Nordlicht aufleuchten. Ganze Bündel von Strahlen, die wieder von einem Zentrum im Zenith auszugehen scheinen, schießen und zucken, in ihrer Leuchtkraft sich stets verändernd, über den Himmel. Tiefschwarz stehen die alten Fichten wie Silhouetten gotischer Domtürme gegen die rätselhaft leuchtende Helligkeit. Gleich Schweifen großer Kometen, dann wieder wie ferne Feuersbrunst konzentriert hinter den Ballen der Wolken, die urweltliche Tiergestalten annehmen, huscht und flackert, gleitet und geistert es auf und ab. Unheimlich, fast erschütternd und magisch, kündend von alter germanischer Götterdämmerung und der Allgewalt Manitous, des Indianergottes, umlodert uns kleine, unwichtige Menschlein ein leuchtendes, unfassbares Geschehen aus der Ionosphäre in nordischer Wildnisnacht.

Wie fast immer nach großen Nordlichtern bringt der Morgen Wind und Kälte. Bei Tagesgrauen schon beginnt das Packen und Einfangen der Pferde. Erst um 1 Uhr mittags kommen wir mit dem ganzen Zug in Marsch, oben, auf den Packboxen verschnürt, die Geweihe und Gehörne.

In märchenhaften Farben leuchten die Berge und Sümpfe. Die Blätter der Bergbirken durchlaufen alle Töne vom tiefsten Scharlachrot und Karmin zum glühenden Orange. Goldgelb zittert das sterbende Aspenlaub, mattgrün die Strauchweiden, die Lieblingsäsung des gewaltigen, schwarzen Elchwildes. Wie dunkelste Smaragden ragen die spitzen Waldzungen der Fichten daraus hervor, und auf den Sümpfen ist ein Teppich aus Moosen gewebt von mattem Silbergrau und hellem Grün der Renntierflechten zum rostroten, satten Sepia und Umbra der vielgestaltigen kleinen Strauchflora nordischer Wälder. Durch unerhörte Farbensymphonien geht der schnelle Ritt zum „Lager des weißen Wolfes". Die Pferde, des langen Nichtstuns überdrüssig, werden munterer als es uns lieb ist. Mancher Pack wird abgeworfen oder verrutscht und muss neu verschnürt werden. Ich bin froh, dass die einzelnen Teile meines Caribougeweihes und der Elchschaufeln heil überkommen. Es wäre ganz unmöglich gewesen, sie unzersägt aus diesen wilden Urwäldern herauszubringen.

Wir fährten viele Wölfe und Bären, mehrere Caribous und Elche auf Sand- und Schlammbänken des Flusses. Es wird mir schwer ums Herz wie noch nie, dieses Paradies der Unberührtheit und Einsamkeit verlassen zu müssen.

18. SEPTEMBER. Früh brechen wir auf. Sehr ungern verlasse ich das Lager des weißen Wolfes, an dem einige Meilen aufwärts die große Schwefel-Lecke alles Wild lockt und die steilen Felswände so nahe aneinanderrücken, dass das Flusstal, wie auch die Fährtenbilder beweisen, einen natürlichen Zwangswechsel ersten Ranges bildet. Ein Felskopf befindet sich dort, weit vorspringend ins Tal, bedeckt mit weichen Moos- und Flechtenpolstern, der einen Hochsitz abgeben würde, von dem man eine gute Kugelschussentfernung von oben, sicher gegen jeden schlechten Wind, in die schütternen Birken und Weidenbestände und auf alle Sand- und Kiesbänke des Flusses haben würde. Dort 8 Tage lang konsequenter Abendansitz würde eine bunte Strecke ergeben, sicherlich aber noch mehr seltene Anblicke. Der hellkrallige, mächtige Grizzly, der große, hier meist ganz helle, seltener tiefschwarze, bis 140 Pfund schwere Timberwolf, der suchende Caribou Hirsch, der in die Brunft tretende massige Elchschaufler, der heimliche Mul deer-Hirsch mit seinen großen, breiten Lauschern und dem leuchtend weißen, schwarzbewedelten Spiegel, vielleicht auch mal ein sich von Berg zu Berg überstellendes Rudel schöner, scharfäugiger Wildschafe, alles in diesen unendlichen Urwäldern, Strauchdickungen und Steinlabyrinthen beheimatete Wild wird einmal auf seinen zahlreichen Gängen diese Talenge durchwechseln. Aber solche Jagdart liegt im allgemeinen dem Kanadier nicht. Er schleicht nicht und lauert nicht wie die als Jagdführer meist zu faulen und eigensinnigen Rothäute. Er nimmt sich ein Ziel vor, von dem er weiß, dass es ein jagdlich guter Platz ist, und dann rennt er drauf los, bis er dort ist. Ist das Wild, am liebsten Wildschafe, dort, wird es beschossen, ist es zufällig gerade nicht da, geht es im Eiltempo zurück; denn er will unter allen Umständen noch bei vollem Licht im Lager sein und abkochen. Gerechterweise muss man allerdings zugeben, dass es, bei den für uns unvorstellbaren Dimensionen dieser Reviere, ungeheure wildleere Strecken gibt, in denen es unnötiger Zeitverlust, ja sogar sinnlose Trödelei bedeuten würde, wenn man sie nach deutscher Art durchpirschen müsste. Sich mit den einheimischen Führern in freundlicher und taktvoller Art auf das den Verhältnissen entsprechende Mittelding zu einigen, dürfte wohl die meiste Aussicht auf Erfolg bieten. In der kanadischen Wildnis steht das Wild auf ungeheure Flächen dünn verteilt, wie wohl überall in den durch Menschen unverdorbenen Gebieten. Das ist auch die Hauptursache des Geheimnisses seiner Stärke. Überfluss günstiger Umweltverhältnisse und grausamste, natürliche Auslese schaffen Einzelindividuen überraschender Qualität. Auch bei uns Menschen ist das so. Wollte man aber unsere deutschen Wildstände etwa nach dem natürlichen, zweifellos richtigen, kanadischen Muster zurechtstutzen, so würden 90% unserer Jäger ihr Gewehr an den Nagel hängen müssen, und wir müssten unsere Wälder und Felder wieder in den Zustand alter, germanischer Wildnis bringen. Das sind unmögliche, ja sogar unnatürliche Rückdrehungen einer sich immer fester anziehenden Schraube. Die für den Wildnisjäger so verhasste kaninchenhafte Vermehrung des menschlichen Geschlechtes und seine grauenerregende Massierung auf einzelnen Flecken des Erdballes werden ja schließlich auch der Vollzug eines Gottgesetzes und Schöpferwillens sein, dessen katastrophalen Schluss wir nur ahnen können.

Es gibt viele Leute, die das, was ein Wildnisjäger denkt, spricht oder niederschreibt, als überheblich, verdreht und verschroben empfinden. Sie hören es auch nicht gerne, wenn man ihnen die Erkenntnisse der Einsamkeit, die für sie keine Wahrheiten sind, sagt. Sie verstehen die Sprache der Berge und Wälder nicht mehr. Man muss sie lassen; denn es ist vergeblich, mit ihnen zu streiten. Nie werden sie begreifen, dass der Mann der fernen Weiten, den sie für so eingebildet halten, es wie kein anderer weiß, wie belanglos sein Dasein im unfassbaren Weltgeschehen ist. Wenn Sonne und Frost von der Felswand den Brocken lösen und er den einsamen Jäger erschlägt – er weiß es, dass es nichts anderes ist, als wenn sein pirschender Fuß eine Ameise zertritt oder er achtlos einen Grashalm zerrupft und fortwirft. Seine Büchse fällt den Hirsch und den Bären, wie der Hirsch den Strauch verbeißt und der Bär das Wildkalb schlägt. Er weiß es, dass er nichts ist. Aber die, welche über ihn lächeln, sie wissen es, wie „wichtig" sie sind in ihrem Tun und Treiben, nur eines wissen sie nicht, dass, wenn sie einst wieder eingereiht werden in den Kreislauf des Stoffes, nicht einmal eine Lücke zurückbleibt, wo ihr Geist so emsig wirkte. Die Sterne des Alls ziehen ihre Bahn weiter, so lange es dem gefällt, der sie kreisen hieß im unendlichen Raum. Aber die Wichtigen hören es gerne, wenn man sie die Großen unseres Erdleins nennt; denn immer möchten die Kleinsten gerne die Größten sein. –

Durch die Farbenorgien des Indianersommers reiten wir, trunken von grellen Kontrasten und zauberhaften Symphonien herbstlichen Sterbens. In grünblauen, kristallklaren und stillen Buchten des Flusses spiegeln sich Wälder und Berge in mattesten Tönen, die nicht das beste französische Gobelin erreicht hat. Bergauf, bergab schlängelt sich langsam unser Zug über unzählige graue, gestürzte Baumleichen, Felsbrocken, Sümpfe und rauschende Wildwässer. Hinter mir sehe ich zweimal mein Gepäck in hohem Bogen durch die Luft fliegen. Pimpel, der sonst so ruhige Wallach, ist heute sehr übler Laune. Als wir am Richards Creek anlangen, ist unser guter Boss, der zähe Curly, recht erledigt. Er hatte sich vor einigen Tagen mit der Axt ins Schienbein gehauen, aber der zähe, harte Mann hatte nichts gesagt und nur einen Lappen um das Bein gewickelt, dasselbe, an dem ihm kurz vor unserem Zug ein keilendes Pferd fast das ganze Knie zu Schanden geschlagen hatte. Werner und ich waschen ihm die klaffende Wunde mit Lysoform aus und legen ihm einen Verband an.

Diese Trapper und Jäger sind Menschen aus Stahl und Leder. Nie wird man eine Klage aus ihrem Mund hören, stets sind sie hilfsbereit und zeigen frohen, geraden Blick. Und sie können alles, was ein Mensch, der auf sich allein angewiesen ist, können muss; sie gehen mit der Axt ebenso geschickt um wie mit der Nähnadel und dem Lederpfriemen. Sie verstehen es, bei Regen und Schnee mit nassem Holz ein Feuer anzufachen, sie legen sich aber ebenso ohne Feuer nachts auf den Trail, damit die Pferde nicht ausreißen können. Jeder kann kochen und backen, jedes Wild schießen und fangen und es kunstgerecht zerwirken, die Häute behandeln, packen und verschnüren. Aber jeder kennt auch die weite Welt und die Städte, jeder schreibt eine schöne Handschrift und vor allem, ein jeder ist ehrlich aus Selbstverständlichkeit. Lügen gilt nicht und ist lächerlich und verächtlich, und nie würde es einem dieser Leute einfallen, einen auf dem Trail gefundenen Gegenstand eines anderen an sich zu nehmen. Solch ein Ding wird vielmehr an Ort und Stelle an einen Baum gehangen, damit es der Verlierer leicht wiederfindet. Eine Cabin (kleine Blockhütte) oder ein Cache (Versteck von Lebensmitteln usw.) zu berauben oder Fallen auf fremder Trappline zu stellen, ist vollends ein unvorstellbares Verbrechen. Ich glaube, man könnte ruhig auf einem Campplatz eineTausenddollar-Note liegen lassen, man würde sie im nächsten Jahr an gleicher Stelle, wohlverwahrt in einer leeren Konservenbüchse am Baum hängend, wiederfinden. Und bei uns? –

Werner fängt am Abend 2 schöne Bulltrout (Forellenart) und sieht vom Camp aus 7 Schafe mit Lämmern auf der Spitze eines Berges. –

Während erneut fontänenartiges Nordlicht über das Firmament geistert und das Öfchen in unserem Zelt bullernd gegen die Bodenkälte kämpft, kommt mir ein Wort Nietzsches in den Sinn: „Fliehe, mein Freund, in deine Einsamkeit. Ich sehe Dich betäubt vom Lärm der großen Männer und zerstochen von dem Stachel der Kleinen."

19. September. Werner zieht mit Ted auf Caribou, Eben und Dörr mit unseren Reservebüchsen auf Schafe. Ich selber gehe 3 Stunden weit das Tal hinunter und will an günstiger Stelle auf Wölfe reizen und ansitzen. Aber bald vertreiben mich die mit ihren Glocken weit hörbaren Pferde. Ich finde auf dem Trail die frische Brunftgrube und das Bett eines Schauflers, nebenan das des zugehörigen Tieres und Plätzstellen des Bullmoose, so dass ich annehmen muss, dass in der Nähe im dichten Timber noch ein zweiter Bewerber gestanden hat. Auffallenderweise ist ringsum im sichtigen Gelände nichts mehr vom Wilde zu sehen. Ich biege wegen der verfluchten Pferde links ab in ein unbekanntes Seitental, finde einen Bach, in dessen nicht allzu tiefem Wasser ich besser vorwärts komme als im windwurfübersäten Wald. Endlich sehe ich etwa um 1 Uhr nachmittags eine etwas freiere Stelle, wo ich frühstücke. Gerade will ich zu reizen beginnen, als ich es im Walde brechen höre. Das Geräusch nähert sich. Ich mache mich fertig. Da tauchen zwischen dem wirren Geäst Dörr und Eben auf. Ich pfeife sie an, und das Erstaunen, sich ausgerechnet hier zu treffen, ist allseitig. –

Curly hat mir im Zelt die Richtungen angegeben, wohin die Beiden gegangen sind. Aber es gibt Menschen, die jedes Orientierungsvermögen verlieren, sobald sie in einem geschlossenen Raum sind. So bin ich falsch eingewiesen worden und treffe nun zufällig mitten im dicken Urwald auf die beiden Landsleute, die von leider vergeblicher Schafpirsch zurückkehren. Als wir von dem Bett des Schauflers auf dem Trail sprechen, berichten sie, dass sie den sehr alten, sehr starken, breitschaufligen ungeraden 26-Ender beim Heimweg auf kurze Entfernung hochgemacht haben. Der Beihirsch sei unsichtbar im Holz herumgetreten, die Kuh sei fortgetrollt, aber der alte, starke Platzhirsch habe nicht recht weichen wollen, so dass ihn Eben zweimal auf 80 Schritt fotografieren konnte. Ein tolles Pech, dass Werner nicht dabei war, sondern schon ein Tal vorher abbog. Diana scheint augenblicklich mit ihm zu schmollen, aber diese alte, kokette Jungfer widersteht zäher Werbung auf die Dauer doch nicht, und ich hoffe, dass der erste Schaufler, den sie ihm anbietet, noch besser sein wird als dieser und als der „Große von den Prophetquellen", der mir damals so günstig am Lagerfeuer kam. Es ist aber ein ganz vergebliches Bemühen, hier in den unendlichen Wildnissen irgendein besonders starkes Wild für einen Kameraden aufzusparen. Einmal siehst Du den ganz starken Schaufler und nie wieder! Hier muss man die Feste feiern wie sie fallen, und wer das Glück hat, führt die Braut heim.

Wir werden wieder gründlich nass von Regen und Schlackschnee. Die großen Gletscherkars sind immer wieder die Erzeuger des Sauwetters, und der Regen kommt wie bei uns aus dem Westen. Werner kehrt von beuteloser, mühsamer Großpirsch über die Kämme der Kahlberge, müde, aber, wie immer, guter Laune zurück. Er hat seine erste Begegnung mit einem Porcupine (Baumstachler, Stachelschweinart) gehabt und wertvolle Nahaufnahmen mitgebracht. Sonst sah er nur einen schwachen Caribou Hirsch, fand aber eine gut erhaltene vorjährige, starke Abwurfstange.

20. SEPTEMBER. Die Pferde sind in der Nacht wieder stundenweit talab gelaufen.

Es wird ½ 12 Uhr, als Clyde und Ted mit ihnen ankommen. Werner, Dörr und ich besteigen bald darauf unsere Gäule und reiten voraus, während die anderen packen.

Es bietet stets mehr Chancen, zu Schuss zu kommen, wenn man mit wenigen, dunklen Pferden voranreitet, als mitten im großen Packzug, der mit seinem häufigen Neupacken und Rufen zu viel Lärm macht. Außerdem wird es für Werner Zeit, ernstlich an seinen Caribou zu denken.

Auf sehr steilem, moorigem Pfad, den unsere Pferde auf dem Hinmarsch ausgetreten hatten, geht es mühsam empor durch dichten Urwald auf die kahlen Höhen der weit sich hinstreckenden Caribou Range. Vorne geht Dörr, seine alte, kurzatmige Marie am Zügel führend, dann folgt Werner mit der Büchse, und den Schluss bilde ich mit meinem guten Kondorglas.

Endlich haben wir die Baumgrenze und die Höhe der weitübersichtlichen, runden, kahlen und muldenreichen Bergzüge erreicht.

Auf dem ersten Aussichtspunkt suchen wir ringsum alle Hänge und Risse mit den Gläsern ab. Vergeblich! Auch der zweite Stop bringt kein Wild in unseren Gesichtskreis. Hintereinander reiten wir nun genau auf dem felsigen Grat des Gebirgszuges. Plötzlich sehe ich tief unten durch eine gelbgrasige Mulde auf 1½ Meilen drei Stück Wild trollen, die nur Caribous sein können. „Halt! Wild! Absitzen!", rufe ich Werner zu, und im selben Moment stoppt auch Dörr schon ab und zieht mein langes, ausziehbares Buschfernrohr heraus. Alle unsere Gläser richten sich hinab, und bald sehen wir hinter dem Wild als viertes Stück einen starken, weißmähnigen Caribou Bullen. Dörr und ich erkennen im oberen Geweihteil eine breite, langendige Krone, und die Höhe der Stangen ist auch nicht schlecht. Werner ist derselben Ansicht, und Dörr sagt schnell entschlossen: „Nun, Doktor, jetzt aber schnell heran, denn sonst sind sie in irgendeiner Falte verschwunden!" Werner rennt wie ein Wiesel den Berg hinunter und nimmt sich einen zwischen der Mulde und uns auftürmenden kleinen Hügel als Deckung. Wir lassen ihn allein gehen; denn beim Anpirschen ist bekanntlich meist einer schon zu viel. Außerdem müssen Dörr und ich die rechts und links für Werner nicht mehr sichtbaren Mulden beobachten, um ihn notfalls von oben her einzuwinken, falls das Wild seinen Kurs ändern würde. Es scheint uns eine Ewigkeit zu dauern, ehe Werner an dem überriegelten Abhang seines Deckungshügels wieder auftaucht. Endlich erblicke ich ihn als winziges Nippfigürchen den kleinen Hill seitwärts und aufwärts umpirschend. Und er war, wie er uns später erzählte, nur im Laufschritt den Hang hinuntergestürmt. So sehr können die Entfernungen der kanadischen Berge in der reinen Luft täuschen, dass selbst alte Hochgebirgsjäger, wie Dörr und ich, immer wieder zu Unterschätzungen neigen. Kaum war Werner hinter dem Hügel verschwunden, als wir den uns nachkommenden Packzug mit Curly an der Spitze am Grat erscheinen sehen. Ich bitte Dörr, den Pferden entgegenzulaufen und sie anzuhalten, halte in einer Hand Werners dicke, faule „Rose", meinen Rappen „Prince" und Dörrs schnaufende „Marie", in der anderen mein ringsum suchendes Fernglas. Da bemerke ich, wie „Marie" die Ohren spitzt und nach der anderen Seite des Grates hinunteräugt. Hinschauend sehe ich im Stechschritt einen geringen Caribou Hirsch neugierig sich den Pferden nähern. Er kommt bis auf 40 Schritt auf freier Fläche heran, aber ich hätte noch zwei weitere Hände haben müssen, um ihn zu fotografieren. Da beginnt der Schreihals „Prince" zu wiehern, der junge Hirsch stellt empört den Wedel aufrecht und geht im federnden Troll ab. Im gleichen Augenblick höre ich unten im Kessel bei Werner ganz schwach einen Schuss heraufrauschen, dem bald ein zweiter folgt und ein dritter.

Inzwischen ist der ganze Packzug doch herangekommen, den Curly auf dem kahlen Gebirge nicht halten lassen wollte, weil er befürchtete, ein Teil der Pferde würde ihm fortlaufen. Nun werden die 3 Pferde in meiner Linken unruhig, besonders Prince, der einen selten ausgeprägten Herdentrieb hat, und sie wiehern, treten unruhig hin und her und zerren an den Halfterstricken. Unsere, noch am Boden liegenden Gläser geraten in Gefahr, zertrampelt zu werden. Curly ruft mir im schneidenden Gratwind unverständliche Worte zu, Rose reißt sich los und zieht ab. Und in all dem Wirrwarr entdecken meine doch noch zu 90%, jagdlich eingestellten Augen ganz tief unten den starken Caribou Bullen, wie er im Schritt mit krummem Rücken und tiefem Haupt dem fortflüchtenden Rudel folgt und auf einen tiefen, dunklen Riss zu verschwindet. „Ich muss meine Büchse haben, vorreiten, ihm den Wechsel abschneiden und den Fangschuss geben; denn Werner kann zu Fuß nicht so schnell folgen, und weiß der Teufel, wohin so ein weidwund geschossener Hirsch in der Wildnis zieht!" Das waren meine Gedanken. Glücklicherweise kommt nun Dörr zurück, hält die zwei mir verbliebenen Pferde, und ich renne nach vorne, um Rose wieder zu holen, die Eben inzwischen eingefangen hat. Meine Büchse, die Curly in seinem Gewehrschuh trägt, reiße ich heraus, schwinge mich mühsam auf meinen Prince, der sich wie toll gebärdet. Aber das Bergabreiten vom Packzug ist nicht so leicht. Um mich herum baumeln Gläser und Büchse, der schwarze Teufel will nicht vom Fleck und klebt an Curlys Vorderpferden Dinky und Perle, und ich muss ihn mit meiner im Stiefelschaft sitzenden Weidenrute erst mal verdreschen. Nach diesem Kampf geht er endlich bergab. In einer Sumpfmulde versinkt er bis an den Bauch, und ich muss eiligst herunter und lasse ihn sich herausarbeiten. Inzwischen sehe ich Ted an mir vorbeirennen, und ich reite quer bergab auf den schwarzen Wasserriss zu. Über einen Hill lugend, sehe ich vor dieser Schlucht auf einer flachen Mulde plötzlich Werner in kniender Stellung, und neben ihm erkenne ich die weiße, lange Mähne des Hirsches. Ein Juchzer dringt nicht bis unten. Ich winke Dörr, mit den zwei anderen Pferden zu folgen, und bald stehen wir an dem gefällten, sehr guten Bullen, bei dem Werner und Ted schon mit dem Abschärfen der Halsdecke begonnen hatten. Strahlende Freude auf allen Gesichtern! Es ist ein für die hiesige Gegend und Rasse sehr guter Hirsch mit prachtvoller, breiter Schneeschaufel und herrlicher, langendiger Handkrone. Werner hat mit seiner schweren 9,3×74 Patrone zuerst auf 5–600 m schießen müssen. Auch dieser Caribou erwies sich als sehr zählebig. 7 Kugeln hat mein Freund verfeuern müssen, von denen 5 den Hirsch fassten, 4 weidwund und eine mitten auf dem Blatt. Fotos werden aufgenommen, Haupt mit Geweih auf einem Pferd verschnürt, und nun geht es wieder bergauf bis auf die Schneid des Gebirges, das seinem Namen Caribou Range Ehre gemacht hatte.

Als wir beim Höhenlager an der Waldgrenze angelangt sind, stehen schon die gelben Zelte und das Feuer raucht. Curly, für dessen Name als Outfitter und Guide auch diese neue, gute Trophäe wieder ein schöner Erfolg war, strahlt übers ganze Gesicht, und abends herrscht Hochstimmung im Küchenzelt.

Auch heute hatte ich wieder die für unsere europäischen Pferdeleute ganz unvorstellbare Geländesicherheit unserer Reittiere bewundern müssen. Ich bin Kavallerist gewesen, habe manchen Geländeritt in Krieg und Frieden mitgeritten und gesehen. Aber alles das war ein Kinderspiel gegen die Leistungen der nordwestkanadischen Pferde, die aus ehemaligen Mustangs mit starker Beimischung belgischen Kaltblutes erzüchtet sind. Das kalte Blut hat diese „Cajuse" ruhiger und stärker gemacht. Wir sind Urwaldberge hinauf- und hinuntergeritten, die so von Moraststellen, Felsen, Wurzeln gestürzter Bäume und verborgenen Löchern übersät waren, dass ich überzeugt bin, ein schneidiger Kavallerieoberst würde solche Steilhänge glatt als für sein Regiment unpassierbar erklären, und sein Wachtmeister würde schon beim ersten Anblick derartigen Geländes graue Haare bekommen. Ich habe unsere Pferde bis an die Ohren in

Sümpfen versinken gesehen, ich sah, wie sie Geröllhalden mit gespreizten Hinterbeinen hinunterrutschten, durch reißende Flüsse, auf deren Bett hunderte loser Felsblöcke, in den Strudeln kaum sichtbar, umherlagen, tastend wateten, ich sah, wie sie, jeden Tritt berechnend, über 5–6 so dicht beieinander und hochliegende Baumleichen mit starrendem, eisenhartem, spitzem Bruchgeäst traten, dass ein Pferdehuf kaum Platz zwischen ihnen fand, aber nie sah ich ein Pferd straucheln, stolpern oder stürzen, nie ein lahmes Bein. Im höchsten Grade „unfair" würden unsere Turnierreiter ein solches Gelände bezeichnen. Aber hier würden sie und unsere Kavallerie erfahren, was man von einem Pferd verlangen kann, das allerdings von frühester Jugend an im Wirrwarr der Wildnis aufgewachsen ist.

21. SEPTEMBER. Ruhetag im Höhenlager der Caribou Range. Aber an solchen Ruhetagen gibt es den ganzen Tag Arbeit. Werners Caribouhaupt wird sorgfältig ausgeschärft, aus den Läufen die Knochen bis auf die Schalen ausgelöst, die Wildpretteile des Hauptes müssen herausgeschnitten werden, und an alle Teile kommen Etiketten mit Namen und Nummer. Äxte und Messer müssen geschliffen, Brennholz geschlagen, zersägt und zerkleinert werden, Hosen und Strümpfe haben das Stopfen nötig, die Wilddecken werden neu gesalzen und in der warmen Höhensonne eines herrlichen Indianersommertages getrocknet. Es ist selbstverständlich, dass wir uns alle an diesen Arbeiten beteiligen, und sehr bald bildet sich von selbst eine Arbeitsteilung heraus, indem jeder die Tätigkeit anpackt, die ihm am besten liegt. Beim gemeinsamen Essen im Küchenzelt erscheint keiner, ohne sich vorher draußen gründlich gewaschen zu haben. Auch das Rasieren gehört zur Lagerdisziplin und erhöht die körperliche Frische und Elastizität, aus der Frohsinn und Verträglichkeit ihre Kraft schöpfen.

Nachmittags kommt Ted von einem kleinen Gang zurück und berichtet, er habe sehr weit zwei kämpfende Caribou Bullen gesehen, die mit den Gewehen so verhakt wären, dass sie nicht mehr losgekommen seien und sich stets im Kreise gedreht hätten. Werner zieht sofort mit seinem Doppelbüchsdrilling los und trifft abends spät wieder ein. Er hat aber nur einen, an Wildpret sehr starken, aber im Geweih nicht genügenden Hirsch entdecken können. Auf dem Heimweg erlegte er mit den beiden einzigen Schrotpatronen, die er sich einsteckte, zwei der herrlichen, seltenen Blue Grouse, eine fast birkhahngroße, auf der Brust blaugrau und unter den Flügeln weiße Hochmoorhuhnart, ähnlich dem schottischen Moorhuhn (Dendragopus obscurus). Er hat nun bereits alle fünf im Peace River Distrikt vorkommenden Wald- bzw. Hochgebirgshühnerarten geschossen, und unsere Strecke wird immer bunter.

Glutrot wie Feuersbrunst geht die Sonne hinter der scharfkantigen, gewaltigen Säge der Felsengebirge unter, und noch lange, nachdem sie verschwunden ist, loht eine bleigraue Wolkenbank, von unten her blutig beleuchtet, auf. In der Tiefe des tageweit sich hinstreckenden Tales des Keily Creek sind die dunkelgrünen Meere riesiger Urwälder in schwarzblaue Schatten versunken, durch deren Mitte goldglühend vom Reflex des letzten Sommerlichtes sich der unabsehbare Wurm des Flusses windet. In tiefem Violett füllen in weiter Ferne Schneefelder und Gletscher die Hochlagen unzähliger Seitentäler, mattgrau starrt das tote, klobige Gebirge lotrechter Felswände empor – eine urweltliche, in ihrer grandiosen Wucht und Farbe fast erdrückende und überwältigende Szenerie. Dann lagert sich die Nacht mit ihrer Kälte und Grabesstille über die hehre, gewaltige Wildnis. Leise singt Jim, der Koch, im Traume seine kleinen englischen Liedchen, und Curly murrt inbrünstig über seinen Fuß. Ein herzhafter Fluch folgt noch, dann schnarcht auch er. Nur Eben stößt noch im Schlafe einige kurze, nasale Töne des brunftigen Elchschauflers, seines Lieblingswildes, aus, und während Werner beim trüben Licht eines Kerzenstummels sein Tagebuch füllt, drehe ich mich herum, und die weite Welt versinkt in meinem Bewusstsein.

22. September. Wie jede Nacht war ich eingeschlafen in Gedanken an die in der so fernen Heimat, denen mein Herz gehört, und Träume hatten die Fülle der Vorstellungen zu einem Wirrwarr verwickelt. Was mag vorgefallen sein im fernen, alten, unruhigen Europa? Alles vernichtender Krieg oder einsichtige Verständigung? Vor dem 7. oder 8. Oktober werden wir nichts erfahren können. Man wird sich bei der Journaille missliebig machen, wenn man wahrheitsgemäß zum Ausdruck bringt, dass es eine wahre Erlösung ist, im menschenfernen Paradies der Wildnis von Lüge, Intrigen und Aufregung der Politik und ihrer Sprechmegaphone verschont zu sein. Aber es ist so, und ich glaube, dass mancher der Natur entrückte Politiker aus einer nur 2 Monate währenden Seelenkur in menschenleerer, ferner Urwaldwildnis als ein anderer zurückkehren würde. Die Pferde, deren Bells ich in der Nacht noch hatte läuten hören, sind am Morgen verschwunden. Ted, Curly und Clyde gehen in verschiede-

Geröllhalde im Berg der Schneeziegen

Östlicher Quellarm des Prophet River, entspringend im Gletschergebiet

*Passhöhe zwischen den Quellflüssen des
Prophet River und der Moskwa*

Zwei erlegte Whistler (kanadisches Murmeltier)

Der Berg der Schneeziegen, auf der Geröll-
halde rechts fiel der Grizzlybär

Mein Grizzly-Bär

Kleines Camp im Freien

Der Keily Creek, ein paradiesisches Jagdgebiet

nen Richtungen auf Suche, und erst am Nachmittag kommt Ted über die kahle Höhe geritten und bringt den ganzen Bunsch der 31 Pferde mit. Nun fehlen aber Clyde und Curly. Letzterer kommt fluchend gegen 4 Uhr nachmittags zurück aus dem Tale, und jetzt ist es natürlich zu spät zum Abreiten und wir müssen bleiben. Aber es ist kein verlorener Tag. Verlorene Tage gibt es nur für Menschen, die ihr kurzes Leben durchrasen. Wir faulenzen draußen in herrlicher, warmer Sonne, unter uns das tiefe, breite Tal der Wälder, gegenüber die schroffen Fels- und Schneeberge, Kette an Kette.

Nachmittags machen wir einen nur dreistündigen, kleinen Spaziergang auf Schneehuhn, aber ohne Wild zu sehen. Abends trifft ein älterer Horse Wrangler mit 2 Pferden bei uns ein, der drei Trapper für den Winter an den Henry Lake gebracht hatte. Er glaubt nicht, dass Krieg in der Welt sei; denn ein Flugzeug, das vor einigen Tagen eine sehr unangenehme Landung auf dem See hatte, brachte keine schlechten Nachrichten. Der Besuch erzählt außerdem, dass der Amerikaner, den wir auf dem Hinmarsch mit seinem Outfit trafen und überholten, schon kurz darauf umgekehrt sei, da es geregnet habe und er infolgedessen eine Erkrankung befürchtete. Wie günstig ist es doch, dass es auch solche Leute gibt.

Abends gibt es eine Suppe mit den Stücken von Werners Blue Grouse, und ich muss sagen, dass ich noch nie ein so ausgezeichnetes Fleisch genossen habe. Selbst ein Haselhuhn kommt dagegen nicht auf.

23. September. Früher Abmarsch von der Caribou Range zum Besa River, wo wir schon um 3 Uhr nachmittags eintreffen. Wir stoßen auf die Spuren anderer Jäger, die hier die Gegend unsicher gemacht haben. Es sollen 6 Amerikaner sein, die von Halfbreeds (Halbblutindianern) geführt wurden, welche ihre Squaws (Weiber) mit sich führten. Sie haben das Gebiet schon verlassen, und keine frische Wildfährte ist mehr zu sehen. Der fremde Horse Wrangler, welcher die Trapper mit ihrem Winterbedarf herausbrachte, hat sich uns angeschlossen. Seine sämtlichen Pferde sind sehr heruntergekommen und haben offene, eitrige Wunden auf den Rücken, die von den Druckstellen der Packlasten herrühren, wohingegen von unseren durch Curly und Clyde sehr sorgsam behandelten Pferden nur ein einziges eine leichte Druckstelle hat und alle in gutem Futterzustand sind, ausgenommen die Mutterstute Blondy, die ja auch noch ihr Saugfohlen zu ernähren hat, das den ganzen Zug mitmachte und sich sehr gut entwickelte. Unser Gast, der alte Wrangler, ist früher einer der berühmtesten Cowboys des Westens gewesen und hat manche schwere Konkurrenz im Sattel von bockenden Verbrecherpferden bei dem Stampede in Calgary gewonnen. Er erzählt abends lustig und bescheiden von seinen Erlebnissen. Jeder, der nicht 8 Sekunden im Sattel bleibt, wird disqualifiziert. In den ersten 8 Sekunden macht der Verbrecher durchschnittlich 10 Sprünge. Er geht mit allen Vieren zugleich hoch und lässt sich hart auf die Hufe fallen. Dabei nimmt er den Kopf zwischen die Vorderbeine und versucht durch schnellende Bewegungen der gewölbten Rückenmuskulatur den Reiter loszuwerden. Für die Bewerber solcher Konkurrenzen ist nur Knieschluss erlaubt, Klemmsitz mit den Unterschenkeln disqualifiziert. Die Unterschenkel haben lose, streichende Bewegung von vorne nach hinten an der Gurtlage auszuführen, und einer der Richter hat nichts weiter zu tun, als diese lockeren Wadenbewegungen zu zählen. Die Zügelfaust hat zwei Hand hoch über dem Sattelknopf des Westernsattels zu stehen, die Rechte hält den breitrandigen Cowboyhut hoch in der Luft. Wer am längsten und mit dem besten Sitz im Sattel bleibt, gewinnt 1000 Dollar. Das ist ein Sport so ganz nach dem Herzen der kraftstrotzenden und doch so gutmütigen, ehrlichen Wildwestleute.

Heute hatten wir den ersten, größeren Gepäckbruch. Eine Handtasche von Werner, in welcher Apotheke und Filme untergebracht waren, flog in hohem Bogen durch die Luft, als das Tragpferd merkte, dass der Pack rutschte. Natürlich ging es dann hinten und vorne hoch, um möglichst schnell alles loszuwerden. Die Handtasche war zertrümmert, wurde aber notdürftig repariert. Der Inhalt hatte wenig Schaden genommen.

Am Abend sahen wir auf viele Meilen Entfernung sechs Schafe und zwei Caribous auf den kahlen Höhen der Berge. Wieder geht der Ritt durch eine Orgie herbstlicher Farben. Leuchtend gelb sticht das verfärbte Pappellaub gegen die sattgrünen, dunklen Fichten ab. Das graue Gestein der Felsen gibt einen seltsamen, wohltuenden Dreiklang. Mehrfach durchschreiten wir wieder den Fluss, es gibt herrliche Bilder, wenn das große Rudel der Pferde bis an den Bauch durch die reißende, spritzende Strömung des kristallklaren, eiskalten Wassers stampft.

Unsere Hosen, Strümpfe und Jacken sind fast nur mehr Fetzen, und alle Kleider sind uns, selbst mir, zu weit geworden. Mager, sehnig, schwielig aber kerngesund und fröhlich sind wir alle. Herrlich ist dieses wilde, menschenleere Land, und wer es mit Büchse und Pferd durchzieht, den fliehen die Sorgen. In unserem Zelt herrscht für den Uneingeweihten ein wüstes Durcheinander. Überall liegen Kleidungsstücke, Strümpfe, Schuhe, Jagdgläser, Fernrohre, fotografische Benötigungen, Kerzen, Bleistifte, Messer, Pinzetten, Riemen, kleine Handtaschen, Behälter und mehr. Ich habe mir allerdings im Laufe der Zeit ein bis zu einem gewissen Grade vereinfachtes Schema der Anordnung täglich benötigter Dinge angewöhnt, aber mein Freund versteht es meisterhaft, aus einer mehr als genialen Unordnung unzähliger Sachen, die geradezu dem vorweltlichen Chaos gleicht, stets mit tödlicher Sicherheit das herauszufischen, was er braucht. Nur die Bleistifte für unsere Tagebücher verstehen es, sich stets in irgendwelchen Falten der Schlafsäcke zu verkriechen, vermutlich weil sie es satt haben, allabendlich schlechtes Deutsch und törichte Gedanken niederzuschreiben.

24. September. Das melodische Geflöte der Whisky Jacks (Grauhäher), die wie unsere Eichelhäher die merkwürdigsten Töne hervorbringen, weckt mich auf. Außerdem ist mir die Bodenkälte in die Knochen gestiegen, weil ich seitwärts abgerutscht war. Während ich mich wasche, entdeckt das stets aufmerksame Jägerauge Ebens 15 Caribous auf der Schneid eines viele Meilen entfernten Berges. Sicher ist bei diesem Rudel ein starker Hirsch, aber wir müssen weiter an den Pussy Lake, wo Werner seinen Moose Bullen schießen soll.

Nach flottem Marsch durch zitronengelbe Aspenhorste, lebende und tote Fichtenwälder und moospolstrige Sümpfe treffen wir schon um 3 Uhr im Lager am „See der Toten Männer" ein. Nach dem Zeltaufschlagen suche ich die Gegend ab und finde auf der anderen Talseite, hoch über der Waldgrenze, zwei Wildschafwidder auf 2 Meilen Entfernung. Werner ist damit einverstanden, dass Eben sie angeht, und schon saust der wild passionierte, zähe Jäger mit meiner Brenneckebüchse, Glas, Packsack und Beil los. In unerhört kurzer Zeit sehen wir ihn über der Waldgrenze, links hinter einem Hügel Deckung suchend, als winzigen Punkt vorkriechen. Die Widder sind inzwischen höher hinaufgezogen, und Eben umgeht sie sehr geschickt hinter dem Grat. Endlich erscheint er am Horizont mit schussfertiger Büchse, vorsichtig pirschend. Wir alle beobachten ihn und das Wild mit den Gläsern. Jetzt wird der eine Widder hoch, und kurz darauf fällt der erste Schuss. Wie von Wölfen gejagt, flüchtet das Wild über die Ravine den jenseitigen Hang empor. Da bleibt einer der beiden Widder zurück und tut sich als kleines, schwarzes Pünktchen nieder.

Nach 6 Sekunden dringt der Knall des zweiten Schusses an unser Ohr, und nun rollt auch der andere Widder die Wand hinunter. Und wieder nach einer Weile hören wir den dritten Schuss. Aber der eine benötigt noch zwei Fangkugeln, und dann sehen wir Eben als winzige Figur am Horizont freudig seine Mütze schwenken und wir wussten, dass dort oben ein alter Jägertraum in Erfüllung gegangen war. Eben hatte zwar in seinen langen Kanadajahren manchen kapitalen Schaufler, viele gute Deerhirsche, Bären und Wölfe geschossen, aber noch kein Wildschaf. Spät im Dunkeln kriecht Eben dann auf einmal zu uns ins Zelt und ladet strahlend seine 2 starken Widderhäupter ab, die er nach dem tollen Lauf auf den Berg mit den Häuten des Vorschlags mitgebracht hat, eine süße Last von sicher 70 Pfund.

Das Ganze war eine prachtvolle jägerische Leistung. Der erste Widder hatte eine sehr alte Kugel durch die eine Schnecke, der zweite einen frischen Laufschuss. Die Wölfe würden ihn bald zerrissen haben. Wir freuten uns alle herzlich; denn wir wussten, wie oft dieser Mann an die Schafe gedacht hatte, und nun hatte er mit eiserner Energie Diana bezwungen, sie ihm zu bescheren. Der eine Widder war reiner Stonetyp mit blauem Hals, der andere schlug in Kopffarbe und Schnecke schon mehr in die Faniniform. Eben hatte auf dem Heimweg im Vorbeirennen einen ruhenden Schaufler mit 2 Tieren gesehen, auf diesen geht Werner mit ihm am

25. SEPTEMBER. Aber es will nicht klappen. Sie kommen abends müde nach großem Marsch heim, ohne ein Stück Wild gesehen zu haben.

Ich gehe mit Dörr auf die andere Talseite. Wir pirschen ein langgestrecktes Seitental hinauf und gelangen gegen Mittag auf eine Passhöhe. Links von ihr besteigen wir eine Bergspitze und halten Ausschau. Dörrs seeblaue, scharfe Augen finden bald jenseits des Passes in einer luckigen Waldmulde einen niedergetanen Schaufler, der uns beiden aber als zu gering erscheint. Dann entdeckt er in einem Hochtal einen Caribou Hirsch. Die Entfernung ist aber so weit, dass ich durch mein 28faches Teleskop nur die wehende, weiße Mähne, aber nichts vom Geweih erkennen kann. Ich schalte ihn deshalb für jagdliche Pläne aus. Bald aber finde ich in einem kleineren Seitental hoch an der Baumgrenze einen Mooseschaufler und eine Kuh. Auf Dörrs Rücken angelegt, kann ich auf zwei Meilen Entfernung mit dem Fernrohr kapitale Schaufeln erkennen. Schneidend kalter Höhenwind hat unsere verschwitzten Hemden bald getrocknet, aber die Hände werden uns blau, und man kann das lange, ausziehbare Spektiv im Sturm, selbst aufgelegt, nicht ruhig halten. „Das ist ein Mordslackel von Schaufler", sage ich zu Dörr, „den gehen wir an!" Und schon springen wir in langen Sätzen den Hang hinunter, unterwegs den Annäherungsplan schmiedend. Über Windwürfe und durch Muskegs (Sümpfe) geht es zunächst in den dichten Wald. Dort finden wir eine alte Mardertraperline, der wir folgen. Endlich lichtet sich der Weißfichtentimber, Wachholdersträucher werden sichtbar, ein Zeichen, dass wir bald an der Waldgrenze angelangt sein müssten. Als wir dann in freiere Gras- und Steinflächen kommen, merken wir zu unserem Ärger, dass wir im dichten Wald in ein falsches Tal geraten waren. Wir hatten das Tal des Schauflers, welches sich mit unserem vergabelte, im ausblicklosen Urwald überlaufen. Am Ende dieses falschen Tales erblicke ich ein Elchtier mit Kalb, keinen Schaufler. Zurück und aufwärts geht es nun über glattes Gras, loses Gestein und hosenmordendes Gestrüpp. Endlich sind wir im richtigen Tal. Seiner Sohle und Elchwechseln folgend, kommen wir an frischen, duftenden Brunftgruben und Betten vorbei, und Fährte steht an Fährte. Da erblicken wir im lichter werdenden Höhenwald 2 Mooseschmaltiere, friedlich äsend. Vorsichtig geht es weiter, und nun sehen wir auch den kapitalen Bullmoose, der zeitweilig ruft. Bis auf 400 m kommen wir gedeckt heran. Weiter geht es nicht, weil die Deckung fehlt. Der Schaufler steht breit in einer Vertiefung, Kopf, Hals und Rückenlinie sind sichtbar. „Ung-Ung-Ung" höre ich seine nasale, tiefe Stimme. Dörr rutscht vor mich, um mir Auflage für den Schuss zu bieten, und ich packe noch den Rucksack auf seine Schultern. Nun stellt sich der Bulle spitz von vorne. Ich sehe durchs Glas der Büchse die enorm breiten, hohen, weitausgelegten Schaufeln. In jeder Vorschaufel hat er etwa 7 Enden, und im ganzen tragen die riesigen Bretter wohl mindestens 36 Enden. Das Pünktchen im Fernrohr deckt fast den ganzen Hals und Stich. Ein Schuss in dieser Stellung wäre auf ein so edles, kapitales Wild ein Verbrechen gewesen. Ich muss warten, bis er breit tritt. Vor mir sind einige Bergbirkenäste im Wege, ich krieche hoch und knicke sie um. Dabei sichere ich vorsichtshalber die bereits gestochene Büchse. Als ich wieder auf dem liegenden Dörr anlege, trollt der Schaufler plötzlich eiligst über die kleine Lücke auf die verdeckt stehenden Tiere zu; ich fahre mit und – „knacks" macht der Stecher, weil ich in der Eile vergessen habe, wieder zu entsichern! Nicht schlimm, denke ich, denn ich hätte durch den Wipfel einer auf halbem Wege stehenden Fichte schießen müssen, und die Kugel hätte sich wohl verschlagen. Er wird wohl bald wieder auf einer Lücke auftauchen. Aber da weht es uns eiskalt in den Nacken, der verfluchte Wind springt hin und her, und schon nach wenigen Sekunden kommen im scharfen Troll drei Schmaltiere oben aus dem Fichtenhorst heraus und flüchten quer durch die Bergbirken dem Grat zu. Jetzt wird der Alte folgen. Wieder lege ich auf Dörrs Rücken auf. Als der Schaufler erscheint, sagt Dörr: „Da kommt er", und unwillkürlich macht er eine hinweisende Bewegung. Dadurch komme ich aus der Lage, ich werde die Kugel nicht los, und der gewaltige Moose verschwindet blitzartig im dichten Timber!

„Aus!" sage ich.

„Aus!" sagt der gute Dörr.

Aber nun erscheint oberhalb einer für uns uneinsehbaren, höher gelegenen Mulde ein zweiter Schaufler, der Beihirsch. Durchs Glas erkennen wir beide, dass er kaum geringer als der Platzhirsch ist, nur seine Bell ist ein wenig länger, er ist einige Jahre jünger, aber an die 34 lange Enden trägt auch er. Ich ziele ihn an, aber auf 600 m einem flott trollenden Hirsch eine gute Kugel antragen, das kann ich nicht. Ich halte den Schuss im Lauf. Auch dieser Schaufler verschwindet über den Rücken im dichten Wald. Nun ist wirklich alles aus.

„Das war die Spitzenklasse von Kanada!" sagt Dörr, der schon so viele Reviere bejagt und so manchen Schaufler gesehen hat.

„Besser ein gesunder Kapitalschaufler in dieser herrlichen Wildnis als ein lauflahmer oder zu Holze geschossener", tröste ich ihn und mich. Und es ist mir Ernst mit diesem Gedanken; denn mich würde ein hier angeschossenes Stück Hochwild mein Leben lang quälen.

Aber wenn man einen Fehler gemacht hat, ist man bekanntlich hinterher immer klüger, und das ominöse Wörtchen „wenn" taucht auf. So auch diesmal. „Wenn" ich statt des Drillings die Brenneckebüchse mit ihrer gestreckten, weitreichenden Geschossbahn mitgenommen hätte, wenn ich dann, als der Wind noch gut stand, nur etwas vorgegangen wäre, hätte ich an einem dort stehenden Dürrling, statt auf Dörrs Schulter, anstreichen können, dann wäre der Kapitale mein gewesen noch bevor seine Tiere unseren Wind bekamen! Durch ein anderes Tal kamen wir abends müde nach Hause, und ich weiß, dass der überwältigende Anblick dieser Riesentrophäe, die ich nie mehr wiedersehen werde, später immer wieder vor meinem geistigen Auge erscheinen wird.

26. SEPTEMBER. Curly, Clyde und Ted haben, wie in den letzten Tagen meistens, draußen vor dem Weideplatz der Pferde auf dem Trail geschlafen, damit unsere Broncos nicht wieder fortlaufen. Sie merken jetzt schon, dass es heimwärts geht, besonders der alte Fuchs „Powder" und seine bejahrte Freundin, die Schimmelstute „Martha". In der Dunkelheit hört man einige Male Schüsse aus Curlys 6-mm-Pistole, Schreie und nicht wiederzugebende Flüche. Dann dröhnt der Boden vom Hufschlag der zurückgaloppierenden Pferde, und die Glocken bimmeln noch einmal so laut. Morgens sind aber dann auch alle Gäule bald eingefangen. Das Waschwasser vor dem Küchenzelt ist wieder gefroren, und in der Nacht hatte ich den kleinen Zeltofen, der stets nur für kurze Zeit Wärme spendet, neu geheizt.

Beim Abreiten beginnt leichter Regen. Wir sitzen auf nassem Lederzeug und ziehen die Regenmäntel an. Aber die halten auf die Dauer nicht dicht; denn an den Fichtenästen, die uns in Reiterhöhe fortwährend streifen, hängt an jeder Nadel ein Wassertropfen. Unterwegs sehen wir wieder einen schönen Hühnerhabicht, der auf Chicken (Waldhühner) Jagd macht. Als wir das in den Felsköpfen am Cañon des Nelsonflusses eingebettete, kleine Seebecken einsehen, steht genau an derselben Stelle wie auf dem Hinmarsch ein Rudel Wildschafe im Wasser. Ich sehe im ersten Augenblick nur die weißen Köpfe und Spiegel und glaube, Wildschwäne vor mir zu haben. Aber dann wird das Rudel flüchtig und verschwindet in der Klamm. An dieser Uferstelle des kleinen Waldsees muss sich ein besonders bekömmliches Mineralsalz befinden; denn der Uferrand ist an dieser Stelle ganz zertrampelt von Wildfährten auf vielen stark begangenen Wechseln. Das sind die Stellen, an denen in Kanada der Jäger und auch der Wolf das meiste Wild erbeuten.

Nach langem Ritt campen wir, vollständig durchnässt, auf unserem alten Platz am Shikanni Chief River, der in den Nelson mündet. Auf dem hohen Berge, auf dessen steiler Kuppe wir beim Hinweg die erste Schneeziege sahen, steht heute kein Wild. Aber bald jagen wieder die Nebelschwaden durch die Täler und über die Zinnen, so dass die Sicht benommen wird.

Vor dem Küchenzelt liegen die auseinandergesägten beiden Schaufeln meines Elches und dazwischen zwei Keulen von Ebens Widdern, die Clyde und Ted gestern noch zum letzten Lager geschafft haben. Unglaublich freche Whisky Jacks (Grauhäher) hacken sich Wildpretstückchen dicht vor uns heraus, so dass Werner und ich auf 2–4 m Entfernung mehrere Aufnahmen machen können. Dann wechselt ein freches Porcupine (Baumstachler) mitten durch die abgeladenen Traglasten hindurch und erklimmt, als wir uns nähern, mit großer Gewandtheit in bärenhafter Art eine schwache Jacksonkiefer. Wir fällen sie schnell, und mit dem Stamm kommt das dachsgroße Stachelschwein zur Erde gesaust, wo es im Geäst der Kiefer gleich Verteidigungsstellung einnimmt und mit seinem rasselnden Schwanz die kurzen, nadelscharfen und mit kleinen Widerhaken besetzten Stacheln von sich schleudert, so dass sie tief ins Holz des Baumes eindringen. Werner verbrennt einige derselben auf der Ofenplatte. Sie krümmen sich wie lebende Würmer, zerknallen dann und stinken infernalisch. Den drolligen, gesetzlich geschützten Stachler lassen wir dann abziehen, nachdem wir einige Aufnahmen aus kürzester Entfernung, allerdings bei sehr schlechtem Licht, gemacht haben.

Unser Gast, der Wrangler Philpott, ist ein famoser, humorvoller Bursche. Er erzählt allerlei Geschichten aus seinem Leben in der Prärie, von Jagdhunden, von Huskies (Schlittenhunden), die mit den nördlichen Trappern entweder mit Lasten bis zu 60 Pfund je Hund bepackt oder am Toboggan (Indianerschlitten) auf den Wintertrip gehen. Philpott kennt weite Gebiete des nördlichen British-Kolumbien, er hat 1934 den großen Trip des Franzosen Bedeaux mit 140 Pferden über die nördlichen Rockies gemacht. Er kennt den Chesterfield Lake, den nur wenige Weiße gesehen haben, und die Gebirge nordöstlich des Moskwa River, wo es nach seinen Angaben von Schneeziegen nur so wimmeln soll. Als ausgezeichneter Reiter und Packer, mit allen Arbeiten der Wildnis vertraut, wäre dieser schon ergraute Bursche ein vorzüglicher Begleiter für eine Expedition in die nördlichen, meist noch ganz unerforschten Gebiete. Er ist dieselbe, absolut zuverlässige, uranständige Klasse wie der brave, zähe Curly und der hünenhafte Clyde sowie unsere famosen Landsleute Dörr und Eben.

Diese prachtvollen, eisenharten Burschen, die da um mich liegen und schnarchen, hatte vor mehr als einem Dutzend Jahren die Not und die unbezähmbare Jagdleidenschaft aus der alten Heimat nach Kanada getrieben. Sie hatten nach unerhört harten Arbeitsjahren in den großen Städten des Landes endlich in der Wildnis ein zwar hartes und entbehrungsreiches, aber in seiner Freiheit und Reinheit glückliches Leben gefunden. Ja, es waren alles ehrliche, anständige Kerle, hilfsbereit, gutmütig, manchmal ungebärdig, eisenhart und umwittert von der alten Wildnisromantik jener Zeiten, als die ersten weißen Männer zu Pferde und mit dem Planwagen nach dem wilden Westen zogen und, allen Gewalten zum Trotz, den Begriff der „Grenze" schufen, jenes sich dauernd verschiebenden Landstriches, der heute noch zwischen den zwei Welten, zwischen dem bebauten oder genutzten Lande und der unberührten Wildnis des Nordens liegt. Und die besten unter ihnen, die mutigsten und härtesten, drangen über diese Grenze immer weiter vor, erkundeten das Land, die Berge, die weglosen Wälder, die Seen, die wilden Flüsse und knüpften ehrliche Freundschaften an mit den Häuptlingen der schweifenden, rothäutigen Stämme. Immer waren die Besten und Wagemutigsten eines Volkes Jäger, wahre Jäger aus innerer Berufung. Nicht sie waren es, die den Rothäuten den blutigen, grausamen und aussichtslosen Kampf um ihr Dasein aufzwangen, sondern der Schwarm nachfolgenden, zusammengewürfelten Volkes, der Geist einer anderen Welt, der bedenkenlosen Raubbau mit den unerschöpflich scheinenden Schätzen der Natur trieb, der kein Gewissen hatte, weder dem Indianer noch dem weißen Mitmenschen gegenüber, der nur eins kannte: sich zu bereichern mit allen Mitteln.

Der allein in die Wildnis vordringende Jäger benutzte die Flüsse, die Seen und die Wechsel des Wildes, um vorwärts zu kommen. Wer ihm folgte, verbreiterte bereits den ausgetretenen Pfad des schweren Elchwildes zum „Trail", zu einem mit Packpferden begehbaren Wildnisweg. Und allmählich wurde aus dem Trail ein Fahrweg, und aus dem Fahrweg eine Autostraße, und aus der Autostraße die Giftader, die das Schlechte in die reine Welt leitete. Hat erst das Hupen, das Motorengeräusch und der Gestank der Autos die heilige Stille des ehemaligen Wildwechsels entweiht, ist es vorbei mit dem Glück des Jägers, er muss wieder höher nach Norden flüchten und mit ihm das große Urwild und die Rothaut. Und immer weiter, mit unerbittlicher Zähigkeit, verdrängt die Technik die Natur, erwürgt die Gier nach dem Gelde die Werke des Schöpfers. Dieser Vorgang ist ein Symbol für die Tragödie der ganzen Menschheit, deren Leidensweg im tiefsten Grunde immer vom Wildwechsel zur Autostraße führt.

Wenn weitere zwölf Jahre vergangen sein werden, wie wird es dann wohl aussehen im jetzt noch so paradiesisch schönen nordwestlichen Kanada? Schon heute kreisen einzelne Flugzeuge über der unermesslichen nordischen Wildnis und suchen nach Seen, wo sie niedergehen und rauben können. Dem scheußlichen Ungeheuer Technik wird schon in absehbarer Zeit der letzte Elch, Caribou, Bär, Schneebock und Widder zum Opfer fallen. Straßen werden gebaut werden, wildes, ehrfurchtsloses Volk wird einströmen, die Wälder werden dem bedenkenlosen Raubbau zum Opfer fallen, das Paradies wird zerstört werden. Da nützt alles Predigen und alle Vereinsmeierei nichts. Wenn es ums Geldmachen geht, wird jede Moral einfach zertreten.

27. SEPTEMBER. Ich komme etwas später zum Frühstück, weil ich nachts einheizen musste; denn es hatte geschneit, gefroren und gereift. Werner kramte in seinem Zelt herum, und ich hielt mit Dörr und Ehen eine kleine Konferenz ab, wie man es am besten machen solle, um ihn noch auf einen Schaufler zu Schuss zu bringen. Wir kommen überein, Curly vorzuschlagen, am Pussy Lake ein paar Tage zu jagen, obschon Werner nicht mehr recht an einen Erfolg glaubt. Eben geht hinaus, um mit Curly zu überlegen, und ich schlürfe dabei meinen Tee. Da lässt mich ein Schuss an Werners und meinem, zehn Schritt entfernten Zelt auffahren. „Um Gottes willen, ein Unglück!" schießt es mir durch den Sinn. Ich stürze hinaus, da fällt ein zweiter Schuss!

Ich sehe Werner an der Kiefer in Anschlag stehen, an der unser Zelt angebunden ist. Neben ihm steht Eben, und jenseits der freien Buckbrushfläche, auf der soeben noch unsere Pferde geweidet haben, steht ein Elchschaufler! Jetzt zieht er ein paar Schritte vor, und schon hat Werner die dritte Kugel heraus. Krank zieht der Elch in den anstoßenden Timber. Wir gehen zum Anschuss, finden gleich Schweiß und folgen vorsichtig. Da zeigt Werner unter die erste, dichtbeastete Fichte, und wir sehen ihn liegen, verendet! Werners erster Schaufler! Ich freue mich wie ein Kind und schüttele dem Freunde die Hand. Aufnahmen werden gemacht, dann schlagen wir das Haupt des ungeraden 24-Enders ab, und in wenigen Minuten sind wir wieder am Lager.

So geht es mit dem schnellen Mädchen Diana; manchmal küsst sie unversehens, nachdem man sie wochenlang mit allen Künsten und Kräften vergeblich belagert hatte. Eben hatte, aufmerksam wie stets, den suchenden Schaufler entdeckt und Werner sofort in seinem Zelt alarmiert. Dieser ergriff mit tödlicher Sicherheit in wenigen Sekunden aus dem Tohuwabohu seines Habseligkeitsmosaiks Büchse, Patronen und Fernrohr (eine organisatorisch unbegreiflich geniale Leistung), und schon hat der kahlwildsuchende, stark abgebrunftete Bullmoose die erste Kugel.

Mir fällt ein Stein vom Herzen. Mit so manchem starken Schaufler hatten sich meine Wechsel gekreuzt, aber meinen Freund hatten sie gemieden wie das höllische Feuer. Nun ist der Bann gebrochen. Und wenn dieser Schaufler auch nicht die ganz große kanadische Klasse ist, die übrigens hier ebenso selten ist wie bei uns die 10-Kilo-Hirsche, so ist nun für ihn die Steigerungsmöglichkeit gegeben; denn es ist eigentlich kein Waidmannsheil, wenn man als erstes Stück einer Wildart ein kapitales streckt. Das ist ein unverdienter, unverschämter Dusel, ein Pech für den Jäger, der nun meist nur mehr „nach unten" jagen kann. Dieser „Erste" war jagdbar für unsere Gegend, für Norwegen wäre er kapital gewesen, und mit seltener Freude breche ich von der blaunadeligen Weißfichte den Bruch für den ersten Elch des zähen Jägers, dessen siebentes Stück Großwild dieser Moose auf unserem unvergesslichen Zug in die ferne Wildnis war.

Ein siebenstündiger Ritt, gewürzt von Schneegestöber und kalten Morästen, bringt uns am Pussy Lake vorbei in ein neues Lager in der Nähe der Biberburgen. Ich bemerke dort einige sehr dunkle, große Enten, mache Werner darauf aufmerksam, und er bleibt mit Dörr zurück, um einige von ihnen mit dem Schrotlauf des Drillings zu erlegen. Wir haben soeben begonnen, die Zelte aufzuschlagen, als die beiden anlangen. Werner bringt eine Ente mit, zwei weitere hat er geschossen, aber verloren. Es handelt sich um die Art Oidemia americana (Büffelente).

Bei der Nachsuche ist Werner in die eiskalten, von den Bibern aufgestauten Teiche geraten und bis zu seinem auf der Schafsjagd forttrainierten Bauchrudiment herumgewatet, eine Tätigkeit, die Jagdpassion voraussetzt und bei uns Schnupfen, hier aber Wohlbehagen am wärmenden Holzfeuer im Gefolge hat.

28. SEPTEMBER. Wieder mal sind die Pferde in der Nacht fortgelaufen, obwohl sie vorsichtshalber gehobbelt worden waren, das heißt mit zusammengeschnallten Vorderfesseln auf die nächtliche Weide geschickt wurden. Sie bekamen schon die Heimat um die Nase und humpelten auf dem schmalen Trail einen ganzen Tagesmarsch weit weg, aufs Futter verzichtend. Erst um ½ 1 Uhr kommen Ted und Clyde mit ihnen zurück, und gegen ½ 3 Uhr starten wir. Ich hatte gestern am Pussy Lake, jenem märchenhaft schönen Platz im weiten, wilden Tal, an der Salzlick, die ich schon auf dem Hinmarsch bemerkte, die starken Abwurfschaufeln eines Elches wiedergefunden. Heute verschnüren wir sie gegen einigen Protest der Mannschaft auf Blondy. Sie werden mir eine schöne Erinnerung an diesen zwischen Wäldern, Sümpfen und Bergen eingebetteten See, dessen Seitentäler ideale Einstände für Elch und Schwarzbär waren, bleiben.

Wieder geht es durch tiefe, moosüberwachsene Moräste und unzählige Windwürfe. In solchem Gelände wäre es grundfalsch, das Pferd dahin zu lenken, wo man den besten Untergrund vermutet. Die an solche Muskegs gewohnten Pferde verstehen es viel besser, die Tragfähigkeit des Bodens zu beurteilen als man selber. Man gibt dem Pferde freien Zügel, lässt es allein seinen Weg suchen, darf es vor allem nicht durch sogenannte Hilfen mit den Schenkeln, dem Kreuz und der Hand stören. Das einzige, was man machen kann, ist das Gewicht des Körpers bei jedem Tritt richtig zu verlagern, vor allem in der Bewegung mitzugehen und nicht zurückzubleiben, wenn das Pferd sich aus dem tiefen, schwarzen Moder herauswuchtet. Mein Rappe hat eine erstaunliche Technik darin, sich die festesten Mooskaupen für jeden seiner 4 Hufe auszuwählen. Er weiß ganz genau, dass eine im Sumpf befindliche, mit Weide oder Birke bewachsene Erhöhung fester ist als eine solche ohne Strauch, und gewisse Stellen, die man selbst für durchaus harmlos hält, umgeht er mit Überlegung. Dabei kommt er niemals aus der Ruhe. Sein Gott ist sein Bauch, und wenn er bis an den Rand desselben mit allen Vieren im Sumpf steckt, versäumt er es nie, so nebenbei einen appetitlichen Grasbüschel, eine Weidenspitze, einen Schachtelhalm oder schon halb erfrorene Wicken abzuzupfen. Zwischen die kreuz und quer liegenden Baumleichen setzt er mit ruhiger Überlegung seine Hufe, vermeidet auf steilem Lehmberghang glatte Stellen, auf schmalem Randgrasband hebt er sich mit fest eingeklammerter Vorderzehe in Felsritzen empor und tut nie einen Fehltritt. Und so sind sie fast alle, unsere guten, braven Broncos. Härte gepaart mit Ruhe, das wohlüberlegte Zuchtprodukt aus Mustang und belgischem Kaltblut. –

Am letzten Lagerplatz finden wir Spiegelfarbe eines Mule deer, eine halbe Schafdecke und den weißen Rücken einer schwachen Schneeziege. Auch heute, am Two Bit Creek, campen wir auf einem Platz, den vor einigen Tagen Indianer oder half breeds verlassen haben. Wir nähern uns wieder dem Gebiet der Menschen, und schmerzlich ist für uns der letzte Blick von einer Anhöhe auf die schneegekrönte, schroffe Kette der nördlichen Rocky Mountains.

Ist es der Abschied aus jenem einsamen, an Schönheit nicht zu übertreffenden Gebiet oder schon der Vorgeschmack der verhassten, aufreibenden Zivilisation? Ich weiß es nicht, aber irgendetwas lässt anscheinend grundlos in mir schwarze Gedanken auftauchen an die, welche ich liebe im fernen deutschen Land. Vorstellungen von Krankheiten, Autounglücken, Krieg und anderem quälen mich und ich zähle die Tage, bis ich die ersten Briefnachrichten in der Stadt vorfinden werde.

Um seelisch ganz frei zu sein in der unerreichbaren Wildnis, müsste man abgebrochen haben mit der ganzen Welt. Das dumme, alte Herz lässt aber niemanden in Ruhe, und die Gedanken wandern von Mensch zu Mensch. Curly sagte mir einmal in einer traulichen Stunde, die ich mit ihm allein am Lagerfeuer verbrachte: „Für einen Jäger und Trapper ist eine Frau nur ein Hindernis, und Kinder machen Sorgen. Ein Trapper darf aber keine Sorgen haben."

29. SEPTEMBER. Heute sind alle Pferde rechtzeitig zur Stelle. Wir kommen schon vor 10 Uhr los und durchschreiten hügeliges Land, ähnlich in den Formationen wie deutsches Mittelgebirge. Aber alles sieht anders aus als vor fast 2 Monaten. Der Buckbrush hat sein Laub fast ganz verloren, und die vor Tagen noch schwefelgelb leuchtenden Aspen sind größtenteils kahl geworden. Auch die Szenerie sieht anders aus, weil wir sie nun von der umgekehrten Seite betrachten. Viele Waldhühner purren auf und setzen sich auf die Äste der dunklen Fichten, die Hähne zeigen leuchtend rote Rosen um die Augen und spreizen fächerförmig den schwarzweißgrau gefärbten Stoß. Ein Goldadler ist auf einer silberfarbigen, dürren Fichte aufgeblockt und lässt uns nahe heranreiten. Einmal huscht ein hellgraues Stück Wild durch die Weidenbüsche, aber man kann nicht sagen, ob es ein Wolf oder ein Deer (Maultierhirsch) ist. Sieben Stunden sitzen wir im Sattel und gehen streckenweise zu Fuß; dann kommen wir auf die großen Grassteppen, die Curly mit dem Namen „Moskitoflats" bezeichnet. Warm scheint hier in den tieferen Lagen die Sonne, und der Klimaunterschied gegenüber unserem geliebten, fernen Gletschergebiet an den Quellen des Prophet ist am wiedererreichten Halfway River so groß, dass wir Rock und Weste ausziehen und mit offenem Hemde reiten.

Auf der großen Fläche, auf der der Squawman Brady sein Heu macht und wir damals den ganzen Stamm der Biberindianer antrafen, sehen wir plötzlich wieder den ersten Menschen. Ein Indianerbengel galoppiert auf seinem Mustang heran und betrachtet mit großen blöden Augen unseren langen Packzug mit all den Geweihen und Widderschnecken, die oben an den Packtaschen aufgeschnürt sind. Wir sind wieder am Rand bewohnter Gebiete angelangt, der bisher schmale, oft kaum sichtbare Trail, stets nur etwa 30 cm breit, ist tiefer ausgetreten, die kleinen Hufe indianischer Mustangs spüren sich überall, und manchmal laufen sogar 2 Trails nebeneinander her. Der Mensch, dies alles zerstörende, ekle Ungeziefer, hinterlässt seine brutalen Axtspuren und andere Zeichen seiner Anwesenheit, wie Lagerplätze und alte Waldbrandflächen.

Wenn das lodernde Wipfel- und glimmende Bodenfeuer einen alten Fichtenurwald durchlaufen hat, so siedeln sich im kalihaltigen Aschenboden zunächst die Holzarten mit leicht flugbarem Samen wieder an, wie die Pappel, die verschiedenen Weidenarten sowie die Strauchbirke. Dann aber nehmen die Schwarz- und Weißfichte aus den wenigen stehengebliebenen Samenbäumen den Kampf gegen die Weichhölzer wieder auf. Jahrzehntelang kümmern dann die im Schatten und Halbschatten ihre harte Jugend verbringenden Nadelhölzer und schieben Jahr um Jahr kleine und kleinste Höhentriebe, bis sie endlich die anfänglich schneller wachsenden Laubhölzer überhöhen und dann grausame Rache nehmen können an den Bedrückern ihrer Jugend, die sie nun durch Lichtentzug langsam abdrosseln.

Solange die Weichhölzer auf den riesigen Brandflächen die Oberhand haben, führt das Wild, besonders der hochreichende, ganze Sträucher niederreitende, gewaltige Moose ein Schlaraffenleben. Und wenn dann schließlich die Fichte, die hier über 250 Jahre alt wird, den Krieg gewonnen und die Umwelt für das Wild sich dementsprechend verändert hat, nimmt automatisch auch das Schalenwild wieder ab. Genauso, wie das gesamte Raubwild zahlreicher wird und bedeutend stärkere Würfe zur Welt bringt, wenn die Schneeschuhkaninchen den Höhepunkt ihrer Vermehrung erreichen und umgekehrt. Alles dies sind Dinge, die unsere unverbesserlichen „hegenden" Raubwildbekämpfer und nach Schema F wirtschaftenden Forstleute in der Wildnis einmal gründlich studieren sollten. Sie würden bald einsehen, dass die großen Irrtümer immer dann begangen werden, wenn der sich klüger als der Schöpfer des Weltalls dünkende Mensch gegen die ehernen, ewigen Gesetze der allgewaltigen Natur arbeitet. –

Während ich schreibe, diskutieren Werner, Eben und Dörr über mir unverständliche ballistische Dinge. Und der kanadische Uhu ruft nahe am Lager sein trauliches „Uhuhuhu". Die Kanadier nennen ihn Hoot owl, die Indianer, wie wir, Uhu, wissenschaftlich heißt diese große Eule Bubo virginianus.

30. SEPTEMBER. Wieder sieben Stunden flotter Ritt, der uns an mehreren Lagern der Biberindianer vorbeiführt. Im Stechtrab und Galopp reiten sie auf ihren flinken, leichten Mustangs, unter denen sich viele Schecken und Falben

befinden, über das immerhin noch schwierige Gelände an uns vorbei. Manche halten an und stieren uns mit blöden, misstrauischen, unfreundlichen Augen an. Nur ein junger Roter grinst übers ganze Gesicht, als er meinen alten, steirischen Jagdhut sieht. Auf diesem unzertrennlichen Stück Filz steckt eine Spielhahnfeder aus Russland und die Kralle eines meiner besten Karpatenbären. Diese Insignien scheinen bei den Männern, deren Großväter noch die Adlerfeder im schwarzsträhnigen Haar trugen, Heiterkeit zu erregen.

Einzelne herumstehende Squaws hatten eine mehr schwärzliche als rote Gesichtsfarbe. Aber ich bezweifle ihre Waschechtheit. Wir selber sehen ja nun auch schon den Rothäuten ähnlich. Jedes Mal, wenn ich mein Gesicht wasche und es abtrockne, ist das Handtuch schwarz. Werner hat 2 Hemden, ein rötlich kariertes und ein ehemals weißes, dickes Unterhemd, welches er bei Kälte trägt. Er wundert sich über die „Farbenmetamorphose", die dieses Bekleidungsstück durchmachte, und behauptet, es sei schmutzig geworden. Vergeblich versuche ich ihm klarzumachen, dass dies keineswegs Dreck ist, sondern Erd-, Rinden- und Fichtennadelstaub. Schmutz und Dreck gibt es meiner Ansicht nach nur in den Anhäufungsplätzen des menschlichen Gesindels, wo sich Bazillen, Bakterien, Infusorien, Mikroben auf den Brutböden dieser Animals in ekelhafter Weise vermehren. Unser Dreck ist daher kein Dreck, höchstens „reiner" Schmutz. Der gute Jim Rose meldet sich bei mir wegen Zahnschmerzen. Einer seiner gewaltigen gelben Schneidezähne ist vollständig lose geworden. In meiner Packtasche habe ich eine Spezialzange, die mir unser besorgter heimischer Zahnarzt mitgegeben hat. Jim hält sehr schön still, und mit einem kleinen, drehenden Ruck ist der Zahn heraus. „Danke schön", sagt Jim und arbeitet weiter.

Außer den bereits erwähnten Pappeln interessieren mich besonders die hier vorkommenden zahlreichen Weidenarten. Die Lieblingsäsung des Elchwildes ist die hier Diamond Willow (Diamantweide) genannte Art. Sie wird vom Wild allen anderen Arten vorgezogen, und wir sollten sie in unseren östlichen Elchrevieren zum Schutze der anderen Holzarten anbauen. Auch eine andere, sehr schmalblätterige Art scheint mir sehr beachtlich für Einbürgerungsversuche zu sein, da sie unsere europäischen Arten an Brechfestigkeit, Zähigkeit und Schlankheit bedeutend übertrifft.

Unterwegs wälzt sich einmal das Packpferd Jess, auf dessen Packtaschen ein Widderhaupt verschnürt ist, am Boden. Eben springt gleich zu, aber da sind die Stricke schon verrutscht, und in vollem Galopp geht der Rotschimmel ab.

Curly, Ted, Clyde und Philpott jagen wie das Ungewitter hinterher, rechts und links sausen die Lasten durch die Luft, und die lange, dicke Oberleine schleift am Boden nach. Bald haben die vier den tollen Gaul überholt, die wilde Jagd kommt zurück: Clyde und Eben springen von den Pferden, greifen gleichzeitig das nachschleifende Seil, ein gegenstämmender Ruck dieser muskelstrotzenden Männer, und schon ist Jess wieder eingefangen.

Abends gibt es noch eine kleine Überraschung in unserem Zelt. Wir hatten den Ofen auf Steine gesetzt und den inneren Boden mit Kies angefüllt. Trotzdem erfreut uns bald ein glimmendes, rauchendes Erdfeuer unter dem alten Heizkörper. Wasser wird geholt, das Bodenfeuer gelöscht, die Steinunterlage erhöht, und endlich haben wir Ruhe.

1. Oktober. Ich denke heute an die armen Fasanen in der Heimat, die unter dem Hagel der Rübenjäger fallen werden. Im Dezember, hoch über die Baumkronen getrieben, sind sie für die meisten Schützen trotz des langen Schwertes hinten immer noch zu kurz!

Curly schenkt mir beim Frühstück zwei kleine Steine. Der eine ist schwarz, wird Pechblende genannt und enthält das wertvolle Radium. (Vom Uran und der Atomzertrümmerung wusste damals noch niemand etwas.) Legt man ihn nur einige Stunden neben eine Filmrolle, so ist sie durch die Ausstrahlung verdorben. Der andere ist grau und hat eine helle, quarzhaltige Oberschicht. Wenn man die grauen Seiten mit dem Messer schabt, glitzert das in ihm enthaltene Silber auf. Curly war außer seiner Trapperei einige Jahre Prospektor (Metallsucher) und hat am großen Bärensee hoch im Norden diese Funde gemacht und die Claims verkauft. Das Prospektieren wird zu einer Leidenschaft wie das Jagen und Trappen in der Wildnis, es geht weniger um das Geld, das man dabei erlöst, als um den prickelnden Reiz des Schätzesuchens in unerforschten Gebieten, ein Jeu, ein Hazzardspiel, bei dem der nicht erstklassig ausgerüstete Prospektor oft sein Leben in der Wildnis aufs Spiel setzt.

Heute hatten wir wieder einen langen Marsch und gelangen unter Hagel-, Graupen- und Regenschauern bis in die Nähe des Siedlers Wagner, der uns erzählt, dass am See der Toten Männer, dort wo ich den kapitalen Hirsch sah, ein Schweizer Jäger einen sehr starken Grizzly und einen kapitalen Schaufler erlegt habe. Wenn man aus den Karpaten von der Hirschbrunft heimfährt, hört man in der Eisenbahn und in den Bahnhöfen auch stets solche Geschichten von erlegten, gewaltigen Bären und Urhirschen. Sieht man dann zufällig mal diese Trophäen, so sind sie oft nicht der Rede wert. Ich will aber hoffen, dass der Schweizer Herr wirklich solches Waidmannsheil hatte und gönne jedem, der sich so weit herauswagt, saftige Belohnungsküsse der herben Diana canadensis. – Wir verheizen heute angekohltes Pappelholz. Man bekommt schwarze Pfoten, wenn man es anfasst, und ich muss nochmals auf das Thema „Dreck" zurückkommen. Mit welcher Berechtigung könnte ein zimperlicher Stadtmensch behaupten, dass reine Holzkohle Dreck ist?

In magischer Beleuchtung geht die Sonne zwischen zerfetzten Regenwolken unter. Auch hier ist es noch schön, obgleich es schon vereinzelte Menschen gibt. Man denkt in der Wildnis manchmal nach über das Unglück der zivilisierten Länder, und ich glaube, es kommt automatisch mit der Massenvermehrung der Menschen und ihrer Entfernung von der Natur, die sie zerstören. Wo wenige Menschen auf breiten Räumen wohnen und die Natur nicht vernichten können, sind sie glücklich und zufrieden. Wo sie aber keine Freiheit und Weite haben, da verbittern sie und verhungern körperlich und seelisch. Und so oft wird dann der alte, römische Wahlspruch „Fortiter in re, suaviter in modo", der den naturnahen Wildnismenschen stets auszeichnet, umgekehrt in ein lächerliches „Suaviter in re, fortiter in modo".

Auch uns geht es nach diesen unbeschreiblich schönen, befreienden Monaten im wilden Westen in jeder Hinsicht besser als je zuvor. Wir sind entgiftet, erlöst und erfüllt vom großen Gott des Weltalls. Wir wissen sehr wohl, dass auch wir zu jenem Gesindel gehören, das den Namen Mensch trägt, aber wir hatten das für Millionen unerreichbare Glück mit zupackenden Fäusten erfasst, sich wieder auf sich selbst zurückzufinden, die eigene Bedeutungslosigkeit auf Schritt und Tritt zu erfahren und dem ungeheuren Kunstwerk der Natur täglich gegenüber zu stehen. „Möchten Sie nicht auch in diesem Lande leben, wo es solche Schaufler gibt?" fragt mich der bärenstarke, blauäugige Fritz Dörr, als mir im letzten Augenblick der urige Schaufler am See der Toten Männer entging. Ja, tausendmal ja, ich möchte es. Aber ich kann und darf es nicht, wie so manches andere.

Wir haben Hitze und Kälte, Schnee und Regen, Sonne und Sturm über uns ergehen lassen, wir haben mit unseren Fäusten gearbeitet, schwielige und rissige Hände bekommen, das letzte Lot überflüssiges Kulturfett am Körper verloren, und die Muskeln und Lungen mussten ihr Äußerstes hergeben, ob sie wollten oder nicht, der sogenannte tote Punkt, den man bei uns so schön weich „Überanstrengung" nennt, musste oftmals bei der Wildschaf- und Schneeziegenjagd überwunden werden; denn nur so allein kommt der Wildnisjäger in die Trainingsform, die er zum erfolgreichen Jagen ebenso sehr benötigt wie seine Waffe. Und trotzdem, nein deshalb, sind wir auch körperlich gesund geworden. Mein gebrochenes Karpatenbein läuft wie das andere. Kriegsdienstbeschädigungen, Rheuma und alle die kleinen, lächerlichen Kulturgebrechen sind im sogenannten Dreck und Schweiß, in Arbeit und Mühe, auf dem Pferderücken und in reiner Gletscherluft verflogen. Bei uns muss man in ein Sanatorium gehen und sehr viel Geld ausgeben, um dann elender als zuvor, kurzatmig und mit schlaffen Muskeln an den gottverfluchten Schreibtisch zurückzukehren. Auch das ist der Unterschied. Zwei Monate wilde Jagd im nördlichen Urwald oder eine ebenso lange Zeitspanne harter Arbeit in einem Holzfällerlager, das wäre eine Kur, die zu verordnen sich unsere großen Ärzte mal überlegen sollten. Aber auch sie, die sich Tag und Nacht selbstlos aufreiben für ihre Mitmenschen, werden sich nicht gegen den Zwang der Kulturverhältnisse anstemmen und durchsetzen können. Und so wird eines Tages trotz allen menschlichen Aberwitzes der Augenblick kommen, wo Gottes harte Hand zufasst und die Art des sogenannten Homo sapiens auf jene Zahl zurückführt, die ihr wieder Raum, Nahrung und Freiheit gewährleistet.

Wenn ich in diesen Blättern bisweilen über meine Artgenossen einige Gedanken niederschreibe, so möchte ich dabei nicht missverstanden werden; denn nichts liegt mir ferner als Kritik zu üben, ja es ist sogar mein Steckenpferd „jeden nach seiner Façon selig werden zu lassen". Was mich manchmal bedrückt, ist lediglich das Bedauern über gewisse Zustände auf unserem Erdball, ein Bedauern, das oft in schmerzliches Mitleid ausartet. Aber nur Einer kennt den Sinn des großen Geschehens, und wir selbst sind arme, nichtsahnende Würmer, denen nur das eine übrigbleibt, anständig mit dem Gegebenen fertig zu werden. –

Abends besucht uns der Siedler Wagner, ein nur mehr schlechtes Englisch redender typischer Niedersachse. Er erzählt Jäger- und Fischerlatein, dass sich die Balken biegen würden, wenn unser Zelt welche hätte. Stundenlang redet er ununterbrochen, denn nur sehr selten sieht er mal im Jahre Menschen. Ob irgendwo in der Welt ein Krieg ausgebrochen ist, weiß auch er nicht; denn er hat kein Radio und keine Post.

2. Oktober. Im flotten Ritt geht es aus dem Gebiet von Wagners Siedlung bei Raureif und Nebel weiter. Ein einziges Mal im Jahre reitet dieser Mann zur nächsten Poststation in Bear Flats, 70 Meilen weit (etwa 112 km) und zurück. Er sagt selbst, dass er sicher bedeutend zufriedener sei als wir; denn bei uns ist die tägliche Post ja doch nur ein Ärgererzeuger. Sie und die Zeitung sollte man abschaffen, und wir hätten Ruhe und Frieden! Gegen Abend kommen wir an dem Bach an, wo uns auf dem Hinweg die beiden tapferen Wildwest-girls überraschten. Da Werner und ich am Morgen auf nahe Entfernungen 3 Mule deers (Maultierhirsche), und zwar 2 Tiere und 1 geringen Bock, gesehen hatten, gehen wir trotz des 8 ½ -stündigen Rittes gleich auf die Pirsch. Bald trennen wir uns, um mehr Chancen zu haben. Ich suche mir das hügelige, über-sichtliche Gelände links aus. Werner hat mehr Vertrauen auf die rechte Seite. Nun bin ich zum Abschied doch noch einmal allein mit meiner geliebten Wild-nis. Ich erklimme eine Hügelkette, finde frische Deerfährten, und die alte Lei-denschaft wird wieder wach. Hinter dem Höhenzug steigt ein zweiter auf und dann wieder einer, und noch ein vierter wird erstiegen, dann habe ich Über-sicht über das weite, wellige Gelände. Vor mir glitzert ein kleiner Sumpfsee, der Ursprung unseres Lagerbaches. In den Mulden stehen kleine Pappelgrup-pen im Fichtenwäldchen mit wüsten, kreuz und quer liegenden Windfällen. In der Ferne dehnt sich eine große Hochebene mit Gras und roten Kornussträu-chern, gelben Weidenbüschen und violett getönten, schon entlaubten Zwerg-birken. Ganz weit voraus ein unabsehbarer, dunkelblaugrüner Fichtentimber. Ringsum sucht mein Jagdglas jedes Fleckchen ab. Es ist sehr schwer, ein Mule deer zu finden. Dieses Wild hat jetzt genau die Farbe unserer Winterrehe, auch deren Manieren, aber an den großen Lauschern sind sie sofort zu erkennen, und von hinten verrät sie ihr breiter, leuchtend weißer Spiegel. Ein starker Mule deer-Bock wird bis zu 300 Pfund schwer! Nichts rührt sich im weiten Umkreis. Vor mir, auf weitem Sandboden, stehen zwischen den vielen Beersträuchern genug Fährten, darunter auch die eines Wolfes und eines Schwarzbären, der die Ameisenhaufen plünderte und moderne Fallholzstämme umdrehte. Tiefbraun ragt das Blattwerk des im Frost abgestorbenen Weidenröschens aus dem gelben, toten Raygras heraus. Dazwischen leuchten die roten Hagebutten der kleinen Wildrose hervor, sattgrüne Moospolster bedecken die feuchte Talgründe, und von den Schwarzpappeln schaukeln wie sterbende, goldgelbe Schmetterlinge die abfallenden Blätter zur Erde. Rückwärts geht hinter tiefblauer, ferner Bergkette die Sonne trübe zur Ruhe. Ein kühler Windzug lässt mich im nassgeschwitzten Hemd erschauern. Es ist Herbst geworden. Der unvergessliche Zug in die fernen, nördlichen Gebiete geht seinem Ende zu. Morgen werden wir, wenn alles gut geht, in einem Tage bis zu Clarks Halfway Ranch marschieren, dem eigentlichen Ausgangspunkt unserer Expedition.

3. OKTOBER. Die unabsehbaren Wälder haben ihr schönstes, buntestes Kleid angezogen. Die Blätter tausender Wildrosen prangen in allen Farben vom Blut- und Scharlachrot zum leuchtenden Orange und gelblichen Grün. Tiefmattviolett trauert das frosterstorbene Weidenröschen, schwefelgelb die Blätter der Schwarzpappel, umbrabraun die schon toten der aspenähnlichen Weißpappel, deren kahles Geäst silbergrau ins dunkle Grün der Weißfichtenwälder gewoben ist. Unsagbar schön ist dieses harte, von jedem Hügel neue Reize bietende Land.

In einem Sumpf versinkt abermals Werners unbeschreiblich faule Rose, die er glücklicherweise gerade am Zügel führte. Nicht viel mehr als ihr plumper Kopf mit der maultiergrauen Schnauze ist noch zu sehen. Sie macht auch jetzt noch ein gelangweiltes, schläfriges Gesicht und lässt die Unterlippe hängen. Es bedarf energischer Aufforderung ihres Herrn, bis sie mit ihren schwimmhaut-ähnlichen Platthufen ruckartig dem schwarzen Moorbade entsteigt. Mein gro-ßer, schwarzer Prinz hätte in solchem Falle in seiner Verfressenheit zunächst mal die erreichbaren Grashalme abgerupft. Allerdings würde er von sich aus eine andere Stelle als Übergang gewählt haben; denn das Überschreiten von Morasten ist seine Spezialität. Sie sind wirklich nicht leicht aus der Fassung zu bringen, unsere braven vierbeinigen Gefährten. Als nach 8½ Stunden der Koppelzaun der Ranch in Sicht kommt, hebt ein freudiges Gewieher an. Der alte drahtige Jim Martell begrüßt uns lachend, und bald schart sich unsere kleine zu Freunden gewordene Gemeinschaft um das letzte, fröhliche und doch etwas wehmütige Abendessen. Eine kleine Schlussansprache wird gehal-ten, und mit Whisky und heißem Wasser auf unser Jägerleben und das weite, schöne Kanada getrunken.

Als wir hinunter in unser Zelt gehen, flammt über dem nächtlichen Himmel wie zum Abschied das schönste Nordlicht auf, das ich jemals sah. Wieder, wie damals am Prophet River, liegt das Zentrum im Zenith. Ganze Strahlenbün-del mondfarbenen Lichtes erglühen und verlöschen, zucken neu auf, wallen wie riesige Bänder von Ost nach West, rotes, grünes, violettes Licht flackert hin und her, huscht an tiefdunklen Wolken entlang und erblasst plötzlich als schnelle Vision eines unfassbaren Wunders. Vor den Zelten liegt die Beute des unvergesslichen Zuges zum Quellgebiet des Prophet River:

1 kapitaler männlicher Grizzlybär

1 gut behaarte, mittlere Grizzlybärin

1 sehr starker Schneeziegenbock

1 kapitaler Elchschaufler von ungeraden 30 Enden

1 guter Elchschaufler von 24 Enden

1 kapitaler Stone Schaf-Widder

1 kapitaler Fanini Schaf-Widder

5 gute, jagdbare Stone Schaf-Widder

2 gute Caribou Bullen (ungerader 28-Ender und ungerader 24-Ender)

1 Goldadler

2 Whistler (kanadische Murmeltiere)

1 Büffelente

2 Rotdrosseln

6 verschiedene Wildhühnerarten

14 verschiedene Kleinsäuger und Vögel.

Kein einziges Stück Wild wurde angeschossen. Verspeist wurden viele von uns gefangene Forellen ansehnlicher Größe und verschiedener Arten. Wohl selten ist eine Expedition so harmonisch und erfolgreich verlaufen wie diese. Und das ist außer der Großzügigkeit meines Freundes und seiner Naturverbundenheit auch unserer erstklassigen Mannschaft zu danken, die an jedem Tage ihr Bestes an Willen und Kraft hergab.

Und während ich diese letzten Eintragungen in das zerknitterte Tagebuch mache, heulen draußen die großen Timberwölfe ein schaurig schönes Abschiedslied, und eine Rotte Kojoten jault in jämmerlichen Tönen. –

4. OKTOBER. Wir brechen früh von der Ranch auf und fahren mit dem Raupenschlepper nach Attachie zu Familie Tomkins, die uns wieder sehr freundlich aufnimmt. Die erste Zeitung, die uns in die Hände fällt, ist 16 Tage alt. Wie vor den Kopf geschlagen, lesen wir das Unfassbare: Krieg! Seit über vier Wochen Krieg! Deutschland hat Danzig und den Korridor genommen, darauf erklärte England und Frankreich unserem Heimatland auf Grund seines Garantiepaktes mit Polen den Krieg! Russland habe Polen von der anderen Seite gefasst,

Rückmarsch; die Trophäen mussten in zer-
sägtem Zustand transportiert werden

Der kapitale Schaufler, den mein Freund Schaurte schießen sollte

W. T. Schaurte mit seinem starken Caribou Hirsch

W. T. Schaurte mit seinem am Camp erlegten Elchschaufler

Curly, der eisenharte Mann der Wild-
nis, auf dem Kamm der Caribou Range

und die deutschen und russischen Kräfte sollen sich auf der Linie Warschau – Brest-Litowsk getroffen haben. Auch Kanada habe uns den Krieg erklärt! Werner meldet uns telegrafisch bei der Polizeistation in Fort St. John an und erhält die Weisung, uns dort zu stellen. Aber inzwischen ist die Straße dorthin, welche keinen Unterbau hat, durch ununterbrochenen Schneefall unpassierbar geworden. Wir sind gezwungen, vorläufig bei Tomkins zu bleiben. Der gute Curly ist noch bei uns und hilft, wo er kann. Er schlägt der Police Station in St. John telegrafisch vor, dass wir mit einem Boot den Fluss hinabfahren bis zur Fähre und uns dort von einem Auto abholen lassen, um uns dann sofort in Dawson Creek bei der Polizei zu melden. Werner telegrafiert an seine Bank in New York und seine Freunde. Wir fiebern vor Ungeduld, zu wissen, was mit unseren Angehörigen geschehen ist; denn unsere Güter liegen ja im Westen der Heimat. Aber wir werden vielleicht noch lange warten müssen!

Abends gehen wir in die kleine Schule und hören die Radionachrichten. Nach denselben sollen 9 deutsche Unterseeboote versenkt und der Westwall von den Franzosen auf 32 km Breite und 20 km Tiefe bei Saarbrücken eingedrückt worden sein. Der Deutsche Reichstag sei einberufen. Hitler habe schon erklärt, für ihn sei der Krieg beendigt, aber Chamberlain und Daladier hätten geantwortet, nun sei ein Frieden nur mehr nach ihrem Sinne möglich. Diese beiden Staatsmänner werden Hitler in den nächsten Tagen antworten, und wir alle hoffen noch, dass beide Parteien nachgeben und ein Blutbad vermieden wird, das ja nur zum Untergang Europas führen kann. Es ist schrecklich für uns, hier, so fern von unseren Kindern, sein zu müssen, und ich muss immer wieder an all das denken, was mir vor unserer Ausfahrt einflussreiche Männer der Wirtschaft und der Armee sagten: „Fahren Sie ruhig auf die Expedition nach Kanada, es wird keinen Krieg geben!" Es scheint auch so, als sei im Westen ein ernstlicher Krieg noch nicht ausgebrochen, und wir hoffen alle zu Gott, dass es nicht zum Äußersten kommt und man sich verständigen und ein schreckliches Hinschlachten vermieden wird.

5. OKTOBER. Wir hören wieder spärliche Radionachrichten und verbringen eine schlaflose Nacht in Gedanken an unsere Lieben daheim. Man hat uns ein kleines Blockhäuschen zugewiesen, in welchem wir zu viert wohnen. Dörr und Eben sind bei uns. Der Raum ist etwa $2\frac{1}{2} \times 3\frac{1}{2}$ m groß. Ein kleiner Herd steht darin, aber das Holz zum Heizen ist gefroren und nass. Es wird nachts sehr kalt.

Werner und ich liegen auf dem Fußboden in unseren Schlafsäcken. Jeder, der hereinkommt, bringt Schnee an den Füßen mit, der dann im Raum herumliegt, schmilzt, bald Pfützen bildet und den Boden nass macht. Das ist aber alles zu ertragen, nur nicht die Gedanken an die Kinder zu Hause und alles das, was in der Zwischenzeit vorgefallen sein kann. Wie friedvoll und schön war es draußen in der Wildnis! Und sobald man wieder unter Menschen kommt, beginnen auch wieder der Unfriede und das Unglück.

6. Oktober. Es hat stark gefroren, in der Nacht war es bitterkalt. Um uns glitzert der Schnee im Sonnenlicht. Es heißt, dass wir heute noch mit einem Boot den Fluss hinunterfahren können. Er heißt Peace River (Friedensfluss). Hoffentlich wird sein Name ein gutes Vorzeichen und kein Hohn sein! Ich bin überzeugt, dass man uns in ein Gefangenenlager bringen wird. Werner ist optimistischer und hofft, dass wir zu seinen Freunden in die Vereinigten Staaten entlassen werden. – Wann werden wir die Heimat wiedersehen und was werden wir vorfinden?

Mittags Abfahrt mit dem Boot, 6 m lang, alter Chevrolet Motor, den Peace River abwärts. An der Fähre Halt und Umladen auf Lastwagen. Beide Fahrten sehr kalt, morgens minus 17°. Nachts Ankunft in Dawson Creek. Meldung bei der Polizei. Der Beamte sagt, wir würden morgen von der Militärbehörde festgenommen. Die Vorschläge Hitlers in seiner Reichstagsrede werden als undiskutabel bezeichnet. –

Wir wohnen im Hotel Dawson. Ich wasche eine schwarze Brühe von meinem Körper und bekleide mich nach 2 Monaten zum ersten Male mit anderem Zeug. Von seinem New Yorker Freund erhält Werner in Attachie ein Telegramm, unseren Angehörigen ginge es gut. Wo sie sind, ahnen wir nicht. Aber mir fällt ein Stein vom Herzen! Ich verbringe eine fast schlaflose Nacht, die Gedanken und Sorgen lassen sich nicht aufhalten.

7. Oktober. Vormittags fahren wir mit dem langen Polizeibeamten von Dawson Creek zu seinem Vorgesetzten in Pousse-Coupé. Es ist ein gut und sympathisch aussehender, typischer Engländer, mager, Adlernase, grauer kurzer Schnurrbart. Sehr höflich und freundlich sagt er uns alle Hilfe zu und will mit seiner obersten Provinzbehörde in Victoria telegrafieren, ob wir nach Edmonton fahren können. Dort muss Post für uns von unseren Angehörigen liegen, auf die ich brenne, obgleich sie alt sein wird. Curly, der mitfährt, drückt mir unterwegs ein selten schön geprägtes kanadisches Dollarstück in die Hand und sagt mir „Souvenir", aber ich dürfe es nie ausgeben. Auch Ted hatte mir einen alten schönen Silberdollar gegeben, der sehr selten ist. Und Curly schenkte mir und Werner seine beiden guten, alten Trapperäxte, mit denen ich selber viel gearbeitet hatte, und gab Werner unser altes gemeinsames Wildniszelt. Rührend gut sind diese Menschen! Wir essen in Pousse-Coupé gemeinsam zu Mittag. Der Wirt, ein alter, lustiger Mann, ist passionierter Jäger; denn in der Wirtsstube hängt ein sehr starker 28endiger Schaufler, zwei gute Stone Widder, mehrere Mule deers und Coast deers. Stolz zeigt uns der Mann zwölf frisch erlegte Wildenten, die er gestern auf dem Strich schoss, und lädt uns auf morgen zur Jagd ein. Der Polizeibeamte hat nichts dagegen, aber mir steht nicht der Sinn danach. Was mag mit der Heimat geschehen sein? Den Kindern soll es nach dem Telegramm gut gehen, aber steht Kellenberg noch oder ist es ein Trümmerhaufen? Heute regeln sich auch Werners Bankangelegenheiten, er bekommt Geld in die Hand, und damit ist für uns die Lage schon wesentlich erleichtert. –

Es ist Samstag, alle Farmer der Umgegend sind mit ihren kleinen Pferdewagen auf den schlammigen, wieder aufgetauten Wegen in das Städtchen gekommen. Wir sind die Sensation des Ortes. Ein verwachsener Reporter einer Edmontoner Zeitung belästigt Werner, der ihn aber elegant und höflich abfertigt. Der freundliche Ortstelegrafist bringt uns die neuesten Nachrichten. Danach ist die Achse Berlin – Rom gebrochen und die Ehe mit Moskau nicht viel wert und gefährlich. Frankreich und England lehnen strikt die Vorschläge Hitlers ab. Sie würden überhaupt nur mit einer anderen Regierung verhandeln, keinesfalls mit Hitler, der mehrmals sein Wort gebrochen habe!

Ich habe vor meiner Ausreise an maßgeblicher Stelle davor gewarnt, wegen Danzig das Schicksal des ganzen Landes und Volkes aufs Spiel zu setzen. Selbstverständlich wissen wir, dass die hiesigen Nachrichten einseitig sind. Aber ich weiß auch, dass die Situation für ganz Europa und die westliche Kultur äußerst gefährlich ist und schwerstes Unglück bringen kann. Ich zerbreche mir Tag und Nacht den Kopf nach einem Ausweg. Aber alle Wege sind schrecklich. Dies Unglück war nicht nötig. Es sind nicht wiedergutzumachende Fehler begangen worden. Und Fehler in der Politik sind schlimmer als Verbrechen, das hat schon der alte Talleyrand bemerkt. Die Diskussionen, die wir mit den Kanadiern haben, sind ruhig und sachlich.

Nachmittags verabschiedet sich Curly von uns. Als ich die raue, rissige Trapperhand ergreife, wendet er sich ab, weil er sich schämt, dass Wasser in seine Augen gekommen ist, und er geht ruckartig fort. Das war ein Mann, dieser Curly! Als ich mich heute beim Waschen zufällig im Spiegel sehe, kenne ich mich kaum wieder. Ich fühle, wie die Last des Menschenjammers seelisch und körperlich mich drückt, und ich sehne mich danach, mit meinen Kindern in der glücklichen Wildnis zu sein, fern von den Menschen und ihrem Wahn, allein mit Gottes Wald und Wild. –

Abends kommt der obere Polizeibeamte von Pousse-Coupé mit dem Auto, um uns mitzuteilen, dass die Provinzialregierung in Victoria (Britisch-Kolumbien) damit einverstanden ist, dass wir am Dienstag früh nach Edmonton fahren können, sogar ohne Bewachung. Er wiederholt immer wieder, wie sehr er die ganzen Zustände bedauert und wie unangenehm es ihm sei, uns eine persönliche Meldung bei der Polizei in Edmonton auferlegen zu müssen. Auch er ist genau darüber orientiert, dass ich unsere Reise durch Sir Neville Henderson bei der Landesregierung in Ottawa angesagt hatte und dass ich Mitglied des Internationalen Jagdrates bin (C.I.C.).

Unser kleines Hotel ist einfach und sauber, einiges ist noch sehr primitiv, beispielsweise besteht die Toilette aus einem Eimer, der in einem kleinen, dunklen Raum steht. Die Straßen haben keinerlei festen Untergrund, bei Regen oder Tauwetter sind sie ein unergründliches Schlammbad. Der obere Polizeibeamte von Pousse-Coupé betont immer wieder, dass England und Kanada nicht das geringste gegen das deutsche Volk hätten, sondern nur gegen das derzeitige Nazisystem. Dem könne man nicht trauen, da es nicht sein Wort hielte und viele Vertreter desselben keine „gebildeten Menschen" und „Gentlemen" seien. Sehr übel hat man überall die Maßnahmen gegen den früheren tapferen U-Boot-Kommandanten und späteren Pastor Niemöller vermerkt sowie die Beschränkung der Religionsfreiheit. Dem Führer spricht man gewisse Begabungen nicht ab, aber man hält ihn für einen Spieler und Hasardeur und bemängelt die geringe Menschenkenntnis, die er habe bei der Auswahl seiner Leute, sowie seine Wortbrüchigkeit. Von Göring spricht man achtungsvoll, besonders wegen seiner Leistungen im letzten Kriege. Die Behandlung der Juden, insbesondere die letzte große Aktion durch Goebbels, erscheint jedem als unfair und einer Kulturnation unwürdig. Der Beamte spricht die Vermutung aus, dass das deutsche Volk bald dieses Regime, das ihm die Freiheit der Meinungsäußerung nähme, abschütteln werde. Dann würde es sofort Frieden geben, und England würde Deutschland genauso helfen, wie es Österreich geholfen hat. Ich befürchte aber, dass man auf keiner Seite nachgeben wird und dass das Ende ein Meer von Blut und ein Trümmerhaufen sein wird. Muss das sein? Ist es ein Naturgesetz, dass sich die Menschen zerfleischen, oder ist es Wahnsinn? Man kann irr werden an allem Guten und Schönen, wenn die grüblerischen Gedanken nicht weichen wollen. –

8. Oktober. Ein besinnlicher Tag im Hotel Dawson. Ich schlafe lange, denn das Kulturessen ist mir nachts nicht gut bekommen. Alle Menschen hier sind zuvorkommender und anständiger als der Durchschnitt bei uns. Eine traurige Feststellung. Die Frau des Hauses spielt uns alle deutschen Melodien vor auf dem Klavier, die sie kennt. Ich denke zurück an Attachie, diesen letzten menschlichen Vorposten schon in der Wildnis, an der Einmündung des Halfway Rivers in den Peace River, den damals der alte Mac Kenzie zum ersten Male befuhr, als er jenen großen nördlichen Strom entdeckte, der nach ihm benannt wurde. Es ist ein großes Anwesen, dieser nach dem großen Häuptling Attachie benannte Platz, an dem der letzte Fahrweg endet. Mr. Tomkins, der Besitzer, hat ein Sägewerk errichtet und treibt umfangreiche Landwirtschaft und Viehzucht. Vier Söhne und eine ganze Anzahl Knechte helfen ihm. Alle Söhne sind selbstverständlich Jäger. Als viel Schnee gefallen war und der Frost klirrte, ritt der eine zur Jagd aus und lustige Jodler, wie im Lande Tirol, begleiteten seinen Abmarsch. Am Tage zuvor hatte er noch einen sehr starken Bullmoose mit herrlichen, breiten Vorschaufeln erlegt und mit dem Wildpret auch das Geweih eingebracht, was nur bei besonders guten Stücken geschieht. Der kleinste, ein irisch-roter, netter, lustiger Junge von 18 Jahren hat schon einen Bären, einen starken Schaufler und viele gute Muledeerhirsche erlegt. Von der unermüdlichen, hageren Mutter haben die zwei Töchter das Arbeiten gelernt. Die jüngste ist 13 Jahre alt, hat glänzende blonde Locken und ein Gesichtchen so fein wie Meißener Porzellan. Mit flinken Bewegungen huscht sie unaufhörlich durch die Räume, bald hier, bald dort ordnend und reinigend. Die älteste zählt schon 20 Jahre. Sie ist herrlich gewachsen und hat ein wunderschönes Profil. Sie hätte dem berühmten alten, englischen Maler Reynolds Modell gestanden haben können, als er sein weltbekanntes Bild der Lady Hamilton schuf.

Sehr viel gibt es zu tun in diesem Haushalt, in dem täglich für über 20 Menschen gekocht, gewaschen, geflickt und gestopft werden muss. Und hungrig sind diese kanadischen Mägen, das muss man schon sagen. Riesige Portionen an Fleisch, Kartoffeln, Karotten, Tomaten, Kompotten, Brot, Butter, Kuchen, Tee, Zucker verschwinden in kürzester Zeit. Aber bei jeder Mahlzeit steht der Tisch brechend voll von all diesen Dingen. Nur der Alkohol fehlt vollkommen. Erst wenn alle Gäste und angeheuerten Leute satt sind, essen die Frauen. Und selbst dann bedient die älteste Tochter mit unermüdlichem Fleiß. Zwischendurch versieht sie den Morsetelegraph. In allem Lärm redender Menschen und klappernden Geschirrs hört sie genau das für Attachie bestimmte Rufzeichen. Telegramme gibt sie, ohne je einmal um Ruhe zu bitten, mit absoluter Sicherheit, nach dem geschriebenen Blatt morsend, durch, um sofort wieder an andere Arbeit zu gehen. Abends, wenn die Männer rauchend an den braunen Holzwänden sitzen, stricken Mutter und Tochter warme, wollene Sachen für den Winter, und dann hat das Mädel ein hübscheres Kleid angezogen und unterhält sich fröhlich, heiter und klug bald mit diesem bald mit jenem. Ein Charm geht von ihr aus auf alle, die mit dem Wind und Wetter, Wald und Wild zu tun haben. Solch eine Frau wünsche ich mir mal für jeden meiner Jungens, gesund an Seele, Geist und Körper.

Mittags sitze ich neben dem Viehmelker und einem der Männer, welche die Säge bedienen. Man löffelt sich selbst alles aus einem Topf auf den Teller. Der Melker hat riesige, kantige Kinnladen und doppelt so große Hände wie ich. Aber keiner setzt sich zu Tisch, ohne sich vorher gründlich mit warmem Wasser Gesicht und Hände gewaschen zu haben, keiner schmatzt beim Essen oder hat sonstige schlechte Manieren. Was bei uns mit bombastischen Redensarten künstlich als Volksgemeinschaft aufgezogen wird und allzu oft in betrunkene Anbiederung ausartet, ist hier natürliche, selbstverständliche Kameradschaft. Der Charakter und die Leistung, nicht die hohle Phrase gelten.

Die Räumlichkeiten in Attachie sind denkbar einfach. Aus runden Holzstämmen sind Wohnhaus, Ställe, Geräteschuppen und Vorratsgebäude zusammengefügt. Verputz oder gar Tapeten im Inneren des Wohnhauses gibt es nicht. Nur im Esszimmer ist bis in Augenhöhe braune Kartonpappe an die Stämme genagelt. Bei uns, wo fast jeder über seine Verhältnisse lebt, würde man solche Wohnung als Stall bezeichnen. Die Einfachheit, die Beschränkung auf das Notwendigste und die Einsparung des Überflüssigen lehrt nur die Wildnis. Verschwenderisch ist in allem Gottes Natur, aber Vergeudung treibt der Mensch, der in verweichlichter Zivilisation des harten Daseinskampfes entwöhnt wurde. Als wir uns verabschieden, schenke ich jedem der beiden Mädels eine kleine

Edelweißbrosche, und Werner macht ihnen klar, dass dies flowers sind, die auf den high mountains in Germany wachsen.

Noch oft werde ich an die tapferen, fleißigen Grenzer in Attachie denken, Leute, die alle zum seelischen Hochadel gehörten, Menschen auf vorgeschobenen Posten am Rande der Wildnis.

Heute Abend besucht uns der lange Policeman. Er ist wieder sehr zuvorkommend und gibt uns gute Ratschläge für Edmonton. Am Abendradio hören wir von verstärkter Tätigkeit der Franzosen, die anscheinend das ganze Saarkohlengebiet intakt erobert haben und nun in der Richtung Trier vorstoßen. Bei Aachen, also in meiner Heimat, sollen große deutsche Truppenzusammenziehungen stattgefunden haben. Wer mag noch in Kellenberg und in meinem Heimatdorf sein? Dreihunderttausend Menschen seien in dieser Gegend abtransportiert worden! Aber ich weiß, dass im Kriege von allen Seiten doppelt so viel gelogen wird wie sonst.

Auf die Friedensvorschläge Hitlers wird inoffiziell geantwortet, dass ein Waffenstillstand nur dann möglich sei, wenn die „mit Gewalt geraubten Länder zurückgegeben und wiederhergestellt würden". Aufgezählt werden: Österreich, Sudetenland, Tschechoslowakei, Polen, Memelgebiet, Danzig. Aus diesen Kontroversen schließe ich immerhin, dass eine Möglichkeit besteht, zu Verhandlungen zu gelangen. Eine Volksabstimmung unter allseitiger, internationaler Aufsicht sollte doch ein wahres Bild von dem Willen der Völker ergeben. Aber die Völker werden meist nicht gefragt, ob sie sich totschießen lassen wollen oder nicht.

Es wird wiederholt, dass Italien die Aufteilung Polens nicht anerkenne und einen Bund mit Jugoslawien und Ungarn geschlossen habe. Der „Achsenbruch" sei da. Russland habe, die gute Gelegenheit ausnutzend, an die Türkei ein Ultimatum gestellt, sich entweder für oder gegen die Sowjets zu erklären. Diese scheinen nun endlich die Dardanellen haben zu wollen. Die Leute hier fragen uns oft: „Seid ihr denn sicher, dass, während eure ganze Armee im Westen steht, Russland euch nicht in den Rücken fällt und bis an die Oder oder noch weiter geht?" Dieses Bündnis mit dem von uns bisher bis aufs Messer bekämpften Stalin kann hier niemand begreifen, und man sieht den Weltbolschewismus in heißer oder kalter Form schon auf dem Vormarsch. Über die vielen hundert Millionen der gelben Rasse im fernen Osten wird noch wenig gesprochen. Die Vereinigten Staaten scheinen sich abseits zu halten.

Welch Irrsinn ist doch auf diesem Planeten! Wie schön war doch die Zeit vor 1914! Dann kam der grauenvolle Krieg, viereinhalb Jahre lang. Ihm folgte die Revolution, der moralische, geistige und wirtschaftliche Niedergang. Dann kam die Besinnung zu Ordnung, Arbeit und Anstand. Alle Hoffnung setzten die Menschen, die guten Willens waren, auf diese Erhebung, und nun waten wir wieder im Blut. Müssen denn die Völker die Maßlosigkeit zum Götzen erheben? Und sich zerfleischen? Stilles, einsames Attachie, hehres unberührtes Gletschergebiet an den Quellen des Prophet River und alle ihr noch jungfräulichen, wilden Gebiete, wie seid ihr glücklich!

9. Oktober. Eben fällt mir noch eine kleine Geschichte ein, die so nett ist, dass ich sie niederschreiben möchte. Ich berichtete gestern von der schönen und so trefflichen Tochter der Familie Tomkins in Attachie. Dort hörte ich von folgendem lustigen Begebnis. Einer der angeheuerten Leute in Tomkins Betrieb hatte sich sehr in das Mädchen verliebt. Eines Abends fasste er sich ein Herz und sagte zu Alice: „Du, ich liebe dich, ich will einmal mit dir allein sein. Binde heute Nacht einen Strick an deinen Fuß und lasse das Ende der Schnur aus deinem Fenster, das du nur angelehnt lassen musst, bis zum Boden herabhängen. In der Nacht werde ich an dem Strick zupfen und dich aufwecken. Dann öffnest du das Fenster, ich klettere hinauf zu dir!" Die Tochter hörte nicht auf solche Reden, aber zufällig belauschte ihr Vater im Nebenraum dieses Gespräch. Abends befahl er seinem Kinde, in einem anderen Raum zu schlafen und legte sich selber in ihr Bett, den um den Fuß gebundenen Bindfaden zum Fenster heraushängend, und schlief ein. Als die Mitternacht herangekommen war, zupfte es an der Schnur, und der Alte wachte auf. Leise schlich er ans Fenster, öffnete es liebevoll, und als der zärtliche Bursche die halbe Höhe der Mauer schon erklettert hatte, überschüttete ihn von oben das eiskalte Wasser eines großen Waschbottichs und – das verheißungsvolle Fenster schloss sich wieder. Kein Wort wurde am nächsten Tage über das Vorgefallene gesprochen, aber der Liebeskranke war geheilt. –

Soeben trifft ein Telegramm aus Holland ein mit der Nachricht, dass es unseren Familien sehr gut geht. Eine zentnerschwere Last fällt mir vom Herzen. Wir verhandeln wieder mit der hiesigen Polizei und fahren morgen früh nach Edmonton, wo wir bei der dortigen Behörde angesagt sind.

Nun haben wir die lange, mühevolle Reise von den Quellgebieten des Prophet River zu Fuß und zu Pferde, mit dem Raupenschlepper und dem schmalen Flussboot und endlich auf dem Lastwagen bis zur Endstation der Eisenbahn gemacht und sind aus dem Frieden in den Unfrieden geraten.

Eines Tages, mag es nun in hundert oder zweihundert Jahren sein, werden die fernen Heiligtümer der Natur, welche wir als erste betreten und erforschen durften, auch von Eisenbahnen, Autostraßen und Flugzeugen entweiht und verdorben sein. Und dann wird man vielleicht gar nicht mehr wissen, wie die Fauna und Flora dieser Gebiete gewesen sind. Denn jedes Mal, wenn der Mensch in den Reichtum und die Fülle der unberührten Natur in Massen eindringt und das teuflische Spiel seiner Technik einsetzt, dann treibt er aus Erwerbssucht zunächst rücksichtslosen Raubbau. Ehrfurcht vor Gott und voraussehende, gleichzeitig wiederaufbauende, sparsame Tätigkeit erstickt im neidvollen Egoismus, wird überwuchert von Habgier und der Sucht, schnell „reich" zu werden. Aber der „Reichtum" ist das älteste und ekelhafteste Phantom, der Fluch der Menschheit, das goldene Kalb der Bibel. Er bringt Genuss, aber der Genuss bringt keine Zufriedenheit. Um zufrieden zu sein, braucht man gerade so viel, um nicht hungern, dürsten und frieren zu müssen, mehr nicht. Das gibt die Wildnis dem, der mit ihr fertig zu werden versteht. Und dann verschenkt sie die Grundbedingung für das Glück: Die Schönheit der Umwelt und die Freiheit des Tun und Lassens.

Der Habgierige, dem Irrwahn des Reichtums nachjagende Mensch hat aber bisher stets erst dann die Fehler seiner destruktiven Vergeudung eingesehen, wenn er ein von ihm überflutetes (er nennt es erschlossenes) reiches Naturgebiet ausgebeutet und verwüstet hatte. Manchmal ist der Zerstörer des heiligen Gottestempels längst wieder zu Erde geworden, und unter dem von ihm verbrannten, alten Waldesdom düngen seine einst so emsigen Bestandteile nun minderes Buschwerk. Aber seine Kinder und Kindeskinder büßen die Sünden des Vorfahren und kämpfen hart gegen Disteln und Dornen im Schweiße ihres Angesichtes, nachdem es zu spät ist zur Einsicht. Langsam müssen sich Wälder dann in Felder verwandeln, Flüsse und Bäche werden zu Abzugskanälen für Wasser; Sümpfe, die einst die Saugschwämme für den Durst der Pflanzen waren, trocknen aus, ganze Tier- und Pflanzengemeinschaften sterben ab, in quadratischer Öde überzieht das weite Land ein Wegenetz, wo einst das Urwild seine gewundenen, hindernisreichen Wechsel austrat; aus Urwald wird auf Reihen stehender Forst, der sich als verkünstelter Erzeuger des Rohstoffes Holz dem inneren Wesen und Zweck nach nicht mehr von einer Fabrik unterscheidet; blödes Vieh blökt, wo einst wilde Brunftrufe hallten, Grenzen des Eigentums entstehen, sorgfältig in Pfähle, Drähte und Steine gesetzt; Hass, Neid, Missgunst, Diebstahl, Dünkel, Klassen, Krieg, Revolution sind die Ausgeburten jener ersten, großen Sünden, als der Mensch die Hand erhob zum Frevel gegen den Schöpfer. In wenigen hundert Jahren (wie winzig ist diese Zeitspanne im großen Geschehen des Alls) wurde der rote Mann, der im ganzen, riesigen Kontinent des nördlichen Amerika nur das entnahm, was er zum Leben brauchte, vom gerissenen, habgierigen Weißen entnervt, verseucht, verbastardiert und seiner scheinbar unerschöpflichen Naturreichtümer schnöde und blutig beraubt, bis auf die schwer zugänglichen, nordwestlichen Gebiete, die wir voll tiefer Ehrfurcht betreten durften. Noch gibt es in Mittel- und Nordostasien, in Zentralafrika und Brasilien ungeheure, kaum betretene Wildnisse. Es wäre an der Zeit, dass die Völker der Erde, wenn sie das Gute im Menschen siegen lassen und einander ertragen wollen, auch endlich einmal den Frevel an der Natur als das größte und folgenschwerste Verbrechen erkennen und behandeln würden. Naturschutz, wie wir ihn zu Hause notgedrungen treiben müssen, ist – für die Welt gesehen – eine Kleinkrämerei. England und die Vereinigten Staaten haben in ihren großen Räumen im nördlichen Amerika und in Afrika bei der Schaffung großer Nationalparks einsichtige Arbeit leisten können. Wenn sich das stetig vermehrende Menschengeschlecht eine seelische Heimat bewahren will, so wird es Zeit, solche unantastbaren, wirklich großen Gebiete in jedem Weltteil zu schaffen und sich mit den übrigen, weiten Räumen der Erde zu begnügen. Man braucht kein Bergfachmann und Forstsachverständiger zu sein, um einzusehen, dass der Vorrat an Kohle und Holz auf diesem Planeten eines Tages erschöpft sein wird, wenn so weiter in gesteigertem Maße von diesen Stoffen verbraucht wird. Das gleiche gilt von der Bereitwilligkeit der Kulturböden, die verlangte Überanstrengung auf sich zu nehmen, Früchte zu tragen. Der Leichtsinn wird einwenden, dass all das noch lange Weile hat, und die Verantwortungslosigkeit der Lebenden gegenüber den noch nicht Geborenen wird die unbeweisbare Vermutung predigen, dass alsdann ganz neue Erfindungen der Technik schon Ersatz für das Verlorene bringen werden. Aber hat jemals schon die Technik und Mechanisierung den Menschen Zufriedenheit gebracht? Technik ist keine Kultur, Technik ist schlaues Verstandesprodukt, und sie übersteigert sich in der Unzufriedenheit mit ihren eigenen Machwerken noch und noch. Aber die Kultur ist ein Kind der Seele, die in einem gesunden Körper lebt. Sie kann beim einfachsten Wildnistrapper ebenso lebendig sein wie beim vermögenden Menschen der Stadt. Nur hat letzterer es schwer, sie zu halten, denn er steht vor der großen Kirchentüre Gottes im Gedränge, während der Urwaldjäger still am Altare kniet.

10. Oktober. Sieben Uhr morgens fahren wir mit dem Zuge in Richtung Edmonton. Zwei Polizeibeamte sind am Bahnhof und überwachen uns aus dem Hintergrunde. Der sogenannte Muskegexpress schwankt und wackelt noch genau so wie damals. In den 24 Stunden bis Edmonton hält er auf 72 Stationen, ohne die, an welchen er angehalten wird, wenn irgendein Siedler an seinem Hause einsteigen will. 500 Meilen legt er in dieser Zeit zurück, ein kurzes Stückchen für Kanada. Unser Gepäck haben wir bei uns, auch noch die Jagdgewehre, nur nicht die Trophäen, Häute, Unterkiefer und wissenschaftlichen Stücke. Curly will dies alles zu dem Präparator Wolfe schicken.

Durch riesige Strecken verbrannter Wälder fahren wir Stunde um Stunde. Teils durch Unvorsichtigkeit, teils mit Absicht sind diese gewaltigen Holzreserven den Flammen zum Opfer gefallen. Millionen von Hektaren dieser traurigen, teils schwarzen, teils gebleichten Zeugen menschlichen Tuns gibt es in Kanada. Dort, wo Siedlungen entstehen, holzt der Heimstätter zunächst einmal in Bauchhöhe den Urwald ab. Dieses ist bequemer, als hart am Boden zu schlagen. Das wertvollste Erdende bleibt einfach als Stumpf stehen, aber es verbrennt ja doch, wenn der Mensch das Feuer an die gefällten Hölzer legt. Weite Strecken gibt es dann, wo die ursprüngliche Fichte, die wertvollste Holzart, vollkommen verschwunden ist. Aspen und Strauchweiden siedeln sich wieder an, wertloses Gestrüpp überwuchert die am Boden liegenden, halbverkohlten Fichten, und andere starren wie grauweiße Gespenster anklagend zum Himmel. Dann wird an wenigen Stellen gerodet, der Pflug und die Saat folgen, und so frisst sich langsam die Krankheit der menschlichen Sucht, mehr und noch mehr zu haben, weiter in das einstmals unabsehbare Meer der Wälder. Erst müssen die guten, dann auch die weniger guten Böden daran glauben. Große, langweilig-öde Ackerflächen entstehen, der Geist der Wälder wehrt sich immer wieder aufs Neue mit aller Kraft, aber schließlich vergeblich. Und der dem Walde abgezwungene Boden wird mit seiner nährstoffhaltigen Humusschicht ausgesaugt bis zum letzten, niemals gedüngt und schließlich verkauft. Mag nun ein anderer sich abplagen, ein zweiter die geschändete, verdorbene, einstmals so schöne und reine Jungfrau Natur nehmen! Was schert es ihn, den ersten Vergewaltiger, er hat sein Geschäft gemacht, und er gilt als tapferer Pionier menschlicher Zivilisation. In der ganzen Welt ist es stets so gewesen. Von allen Geschöpfen Gottes sündigt eines ununterbrochen und auf jede Art am schwersten gegen den Allmächtigen Vater: der Mensch! Niemals aber das freilebende Tier, wenn es nicht vom herrschenden Menschen dazu getrieben wird. – –

HIER BRICHT das eigentliche Jagdtagebuch ab. Was nun folgte, will ich nur kurz berichten. Unsere Hoffnung, als Touristen nach USA. entlassen zu werden, erfüllte sich nicht. Wir wurden vielmehr kurzerhand und ohne Rücksicht auf das Empfehlungsschreiben des britischen Botschafters Sir Nevill Henderson zunächst in dem Polizeigefängnis von Edmonton in getrennte Zellen eingesperrt, die sich in nichts von den Eisenstabkäfigen der Menagerien unterschieden, in denen wilde Tiere untergebracht werden. Anschließend brachte man uns in das Gefängnis der Stadt Calgary. Unsere Beschwerden gegen eine solche Behandlung, die sonst nur bei Kriminellen üblich ist, nutzten gar nichts. In Calgary saßen wir zu 26 Mann in einem für 6 Mann gedachten Raum. Unsere Mitgefangenen waren meist Verbrecher aller Schattierungen. Ich war bisher wissentlich noch nie in nähere Beziehungen zu solchen Burschen getreten. Aber trotz aller seelischen Depression interessierte mich das Milieu dieser Deklassierten sehr. Sie hatten keine Ahnung, wer wir waren und hielten uns trotz der besseren Kleidung für ihresgleichen. Es bildete sich sofort zwischen ihnen und uns eine gemeinsame Abwehrfront und Obstruktion gegen diejenigen, welche uns eingesperrt hatten. Unerwartet war mir die große Kameradschaftlichkeit und Gutmütigkeit dieser durch die Zivilisation defekt gewordenen Kerle. Ein tierisch wild aussehender Neger, dem man bei einer Schlägerei gerade ein Auge ausgestochen hatte, dessen blutige Reste noch auf seiner schwarzen Wange klebten, schenkte mir seine letzte Zigarette. Ein Zuhälter gab mir schmierige Bonbons aus seiner Hosentasche, und ein mexikanischer Halbblut-Indianer, von Beruf Straßenräuber, bot sich an, den Gefängniswärter bei der Zureichung der schauerlich gepfefferten Wassersuppe zu erwürgen, wenn ich ihm ein wenig dabei helfen wollte.

Schließlich wurden wir in einem Gefängnisauto in ein im Entstehen begriffenes Konzentrationslager in die Rocky Mountains, Kananaskis genannt und unweit Banff gelegen, verbracht.

Dort lernte ich viele brave, harmlose Deutsche, Italiener, Ukrainer und russische Kommunisten, aber auch wirkliches Gesindel kennen. Ich erfuhr, besonders von den Deutschen, so manches harte Lebensschicksal. Unter anderem machte ich die Bekanntschaft mit einem der berüchtigtsten Gangster aus USA., einem kleinen, schmierigen Kerl, der mich veranlassen wollte, seine Biographie zu schreiben, um mit dem fertigen Manuskript zunächst mal einige einflussreiche, vermögende Amerikaner zu erpressen, die mit ihm

Kippe gemacht hatten. Einmal sagte er zu mir: „Der Unterschied zwischen uns Gangstern und den anderen Millionären ist nur äußerlich. Im Grunde sind wir dasselbe. Wir verdienen Geld, der eine illegal, der andere scheinbar legal."

Vom ersten Tage an arbeiteten mein Freund und ich an einem Fluchtplan. Gleichzeitig liefen durch das Auswärtige Amt für uns Austauschverhandlungen. Als der Fluchtplan gerade nach gefährlicher Aufnahme von Verbindungen zur Außenwelt fertig war, traf die Nachricht ein, dass wir beide ausgetauscht würden. Da dieser Weg einfacher war, verzichteten wir auf die Flucht, welche uns zunächst nach San Franzisko und dann über den Pacific nach Japan gebracht hätte. Von dort sollte es mit falschen Pässen nach Wladiwostok und mittels der transsibirischen Bahn in die Heimat gehen. In der Annahme, man würde uns sofort austauschen, bestiegen wir nach einjähriger Gefangenschaft im Lager Kananaskis den Zug. Man schaffte uns aber stattdessen auf die Isle of Man in der Irischen See, wo wir abermals über ein Jahr auf den endlichen Austausch warteten, der uns dann in einem herrlichen Flug über den Atlantik, Portugal, Spanien und Frankreich in die Heimat brachte.

Die unsagbar schöne Zeit in der nordkanadischen Wildnis war teuer erkauft. Kein Mensch kann die Freiheit voll ermessen, der sie nicht einmal verloren hat.

Unser Hab und Gut, darunter auch unsere Jagdgewehre, Gläser, Fotoapparate und unsere sämtlichen Trophäen, wurden nach unserer Gefangennahme von den Kanadiern öffentlich versteigert. Durch Eben-Ebenaus treue Freundschaft und die gute Hilfe von Werners amerikanischem Freund E. Ward gelangte ich aber nach zehnjährigem Bemühen wieder in den Besitz meiner besten Beutestücke, meines kapitalen Elchschauflers und der drei starken Wildschafwidder. Meinen starken Caribou Hirsch, die herrliche Grizzlybärendecke sowie den Adler, die Murmeltierdecken und übrigen Sachen werde ich wohl nie mehr wiedersehen. Aber als Erinnerung besitze ich ihre Fotos. Und während ich dies schreibe, schauen Elch und Widder von den Wänden meines Zimmers auf mich herab, und es ist mir, als lächle mich ein wunderschönes, fernes Mädchen an, die Diana canadensis!

Aber in ihren Augen schimmern Tränen! Was haben die Menschen in diesem einen letzten kurzen Jahrzehnt aus dem kanadischen Paradiese und seiner so reichhaltigen Tierwelt gemacht! Ich muss hier berichten, was mir der getreue Eben-Ebenau, einer der besten Kenner der kanadischen Fauna, schrieb.

Weit hinaus in die fernen Rückzugsgebiete des Großwildes haben sich die Holzfällerlager vorgeschoben. Die Urwaldbestände fielen der geldgierigen Axt verantwortungsloser Unternehmer zum Opfer. Kein Mensch denkt dort an Wiederaufforstung. Und das zusammengewürfelte Volk der Holzfäller wütete unter den Beständen des Großwildes. Die Regierung gab außerdem an Ausländer, hauptsächlich sogenannte „Sportsleute" aus USA., Jagdlizenzen in unerhörter Zahl aus, weil sie dem Staat Geld einbrachten. Die Kontrolle über die auf dem Papier limitierte Abschusserlaubnis für die einzelnen Wildarten hörte fast gänzlich auf. Es wurde wahllos niedergeknallt und zu Holze geschossen, was vor die Büchse kam. Die Indianer, welche an sich schon bedeutende jagdliche Vorrechte vor dem weißen Jäger genießen, sahen tagtäglich den bedenkenlosen Raubbau der weißen Rasse an Wald und Wild und begannen nun ihrerseits auch ein rücksichtsloses Morden. Kein Mensch von der Autorität des verstorbenen, großen kanadischen Jägers Bryan Williams stand auf, um der Zerstörung Einhalt zu gebieten. Niemand nahm ein Interesse daran, was mit den nationalen Werten der großen, freilebenden Tierwelt des Landes geschah. Eben-Ebenau berichtet, dass fast überall im Lande Elch, Caribou, Wildschaf, Schneeziege, Maultierhirsch, Grizzly- und Schwarzbär ausgerottet seien. Selbst in den weltfernen Gebieten, in welchen wir jagten und aus der Vielzahl der Bestände einige wenige ausgesuchte Stücke entnahmen, seien wilde Schießerhorden eingedrungen und hätten ehrfurchts- und wahllos das Großwild zusammengeknallt, so dass auch diese Refugien Gottes dem Teufel zum Opfer gefallen seien. Freilich, es gibt noch schöne, große nationale Naturschutzparks. Aber in diesen hat das scheue, heimliche Großwild seinen wilden Charakter verloren. Gewohnt an den geldbringenden Touristenverkehr nimmt das Wild den Charakter halbzahmer Haustiere an. Der scheue, schlaue Schwarzbär wird sogar unverschämt und klettert nicht selten in die auf den Autobahnen parkenden Kraftwagen, um die mit Delikatessen gefüllten Fresskörbe geschminkter Modepuppen zu plündern, leider ohne sich entschließen zu können, diese mitzufressen.

Der Unverstand und die Habgier hatten es schon lange vor den beiden Weltkriegen fertiggebracht, den Bison, der einst in einer Zahl von etwa 40 Millionen Stück den amerikanischen Kontinent bevölkerte, und den herrlichen, großen Wapitihirsch fast zu vernichten. Die traurigen Reste wurden dann in einzelnen Gehegen unter großen Kosten künstlich wieder vermehrt und gleichen heute zahmen Viehherden. Aus diesen Fehlern scheint man aber nichts gelernt zu haben, und es ist sehr unwahrscheinlich, dass man nun Wildarten, wie den Elch und den Grizzlybären, durch Einsperren der kümmerlichen Reste in Gehege vor dem Aussterben bewahren kann.

Nicht besser als es in den letzten Jahren dem Großwild erging, vollzog sich der Untergang der wertvollen Pelztiere Kanadas. Die einst riesigen Besätze von Bibern, Mardern, Luchsen, Füchsen schwanden infolge von Übernutzung dahin. Auch hier zehrte man nicht von den Zinsen, sondern vom Kapital. Die meisten Trapper sind heute auf kümmerliche Bisamratten, Eichhörnchen und Kojoten angewiesen. Aber die Regierung glaubt viel für die Erhaltung der Schalenwildbestände zu leisten, wenn sie Erlegungsprämien für Wölfe und Silberlöwen (Pumas) zahlt, während der Schöpfer doch gerade zur Gesunderhaltung durch Ausmerzung schwacher Stücke das große Raubwild eingesetzt hat wie den Hecht in den Karpfenteich. Nicht Wolf und Puma bringen die Schalenwildbestände zum Aussterben, sondern der Mensch, dieses für die gesamte Natur gefährlichste und schädlichste Lebewesen, dem man eine hochentwickelte Intelligenz nachsagt. Wenn diese letztere Behauptung zutreffen soll, dann wird es allerhöchste Zeit, sich zu besinnen und jeglichen Abschuss aller Großwildarten in Kanada zunächst einmal für 10 Jahre vollkommen zu sperren. Nur ganz drakonische, sofortige Maßnahmen vermögen noch in letzter Stunde dem herrlichen kanadischen Lande seine schönste Zierde zu erhalten. Mögen sich einsichtige und einflussreiche Männer finden, dies zu erreichen. Ihr Name würde fortleben in den Herzen all der vielen, ideal denkenden Menschen, denen Gottes Natur mehr bedeutet als vorübergehender Gewinn, und sie werden zudem auch dem Lande die beträchtlichen Einnahmen erhalten, die ihm aus dem jährlichen Zustrom vermögender Auslandsjäger erwachsen.

Ich selber werde wohl nie mehr in Kanada jagen können. Aber ich möchte nicht als „der letzte Kanadajäger" bezeichnet werden; denn ich liebe dieses herrliche Land trotz aller uns angetanen Unbill wie mein eigenes, vor allem seine Wildnis und seine vor kurzem noch so zahlreiche, herrliche, vielgestaltige, große Tierwelt.

In der übrigen Welt ist es nicht besser. Man denke nur an den riesigen asiatischen Kontinent, wo der mit den aus vielen Kriegen zurückgebliebenen Feuerwaffen ausgerüstete Mensch eine Großwildart nach der anderen zum Aussterben gebracht hat. Die in Wissenschaft, Technik, Politik und Geschäft verfangene menschliche Intelligenz sollte ihre Kräfte nicht allein in diesen Dingen erschöpfen, sondern sie auch mal auf eine große, weltumspannende Naturschutzbewegung*) richten, die mit allen modernen Mitteln des Films, der Presse und des Rundfunks arbeitet und deren Mitglieder nach Millionen zählen würden. Das freilebende Tier ist genauso gut ein Kind des Schöpfers wie wir und hat ein Recht, zu existieren. Wenn wir das wilde Tier und den wilden Wald zerstören, veröden wir unseren Planeten und steigern die Unzufriedenheit mit dem Dasein in gefährlicher, vielfach nicht erkannter Weise. Millionen von Arbeitern stehen innerlich dem Naturschutzgedanken viel näher als der oberflächliche Beobachter ahnt. Ich wende mich daher an die Regierenden aller Länder des Erdballs und rufe sie auf, das zu tun, was ich als kleiner Mensch nicht kann: Gemeinsam ein Tier-Recht zu schaffen, vor allem das so gefährlich bedrohte Großwild und die zu ihm gehörende Umwelt zu schützen, ehe es zu spät ist!

*) Mit Genehmigung des Verfassers geben wir den verehrten Lesern bekannt, dass sich die Schutzgemeinschaft Deutsches Wild (Organisation zur Erhaltung der freilebenden Tierwelt) auf Grund ihrer in Deutschland gemachten Erfahrungen entschlossen hat, ihre Idee der Erhaltung der freilebenden Tierwelt bereits im Frühjahr 1951 auf internationale Füße zu stellen! Alle, die sich für den Naturschutzgedanken bekennen, ganz gleich, in welchem Lande sie leben, bitten wir höflichst, sich mit der Geschäftsstelle der Schutzgemeinschaft, München, Viktoriastr. 25, in Verbindung zu setzen.

Rekordbär (von Eben-Ebenau 1946)

Starker Timberwolf (von Eben-Ebenau erlegt 1945)

Abbildungsverzeichnis